박물관 이론 입문

Theorien des Museums zur Einführung

by

Anke te Heesen

박물관 이론 입문

Theorien des Museums
zur Einführung

앙케 테 헤젠 지음 | 조창오 옮김

서광사

이 책은 Anke te Heesen의 *Theorien des Museums zur Einführung* (Junius Verlag GmbH, 2012)을 완역한 것이다.

박물관 이론 입문
Theorien des Museums zur Einführung

앙케 테 헤젠 지음
조창오 옮김

펴낸이 | 김신혁, 이숙
펴낸곳 | 도서출판 서광사
출판등록일 | 1977. 6. 30.
출판등록번호 | 제 406-2006-000010호

(10881) 경기도 파주시 회동길 77-12 (문발동)
Tel: (031) 955-4331   Fax: (031) 955-4336
E-mail: phil6161@chol.com
http://www.seokwangsa.co.kr | http://www.seokwangsa.kr

제1판 제1쇄 펴낸날 — 2018년 5월 10일

ISBN 978-89-306-2225-7   93060

이 책은 유니우스 출판사 철학 입문 시리즈 중 앙케 테 헤젠(Anke te Heesen)의 『박물관 이론 입문(*Theorien des Museums zur Einführung*)』을 완역한 것이다. 유니우스 출판사의 입문 시리즈는 철학 분야에서 중요한 주제를 선정하여 이에 대한 현재적인 연구 성과를 소개하면서 체계적이고 명쾌한 서술을 제공한다. 이 입문 시리즈의 특징은 다른 입문서처럼 특정 주제에 대한 소개에 그치는 것이 아니라 저자가 갖는 독특한 관점을 그대로 반영한다는 점에 있다.

　현재 한국에서 박물관과 박람회는 매우 주목받는 문화적인 제도이자 현상일 뿐 아니라 자주 경험하는 대상이란 점에서 폭넓은 관심을 끈다. 우리는 관심을 끄는 대상을 단순히 향유할 수 있다. 하지만 대상에 대한 개념과 역사, 이론 등을 알게 된다면 그 향유의 기쁨은 더 커질 것이다.

　박물관과 박람회는 어떤 것을 '수집'하여 우리에게 '전시'한다. 이러한 '수집'과 '전시'에 관련된 근본적인 물음은 철학, 역사학, 박물관학을 통해 제기된다. 먼저 철학은 박물관 현상에 대해 다음과 같은 가장 기초적인 물음을 제기한다. 우리는 왜 수집하며, 무엇을 수집할 것인가? 우리는 수집할 물건들을 어떻게 보관하며, 이를 어떻게 배치할 것인가? 또 수집된 이것을 언제까지 보관하며 어떻게 전시할 것인가? 역사학은 박물관과 박람회 현상의 역사적 기술을 통해 이 현상들의 본질을 탐구한다. 박물관학은 주로 박물관과 관련된 실용적인 물음을 제기한다.

『박물관 이론 입문』은 박물관의 개념에 대한 '역사'를 다룬다. 역사학자의 저술이다 보니 역사학의 관점이 중심에 놓인다. 하지만 이 책은 단순히 박물관에 관한 역사학적인 기술에 그치지 않고 박물관에 관한 다양한 철학적인 이론을 소개한다. 박물관과 박람회에 대한 문화철학적인 이론을 소개하고 있다는 점에서 이 책은 역사학자와 박물관학자, 큐레이터, 박물관 관련 종사자뿐 아니라 철학 전공자나 철학에 관심을 두는 이들에게 매우 흥미 있는 내용을 제공한다.

더 정확히 말하자면 『박물관 이론 입문』은 박물관과 박람회의 개념에 대한 '역사'를 중심 주제로 삼고 있으며 이를 위해 두 가지 명제를 논의의 중심에 놓고 있다. 첫째, 박물관과 박람회는 동전의 양면 관계에 있다. 박물관이 '과거의 것'을 보관하고 연구한다면, 박람회는 '최신의 것'을 전시하고 판매한다. 두 현상은 겉으로 보기에는 따로 떨어져 있는 것처럼 보이지만, 사실 '보관'과 '전시'는 박물관과 박람회가 생겨나기 이전에 존재했던 르네상스 시대의 진기명품 보관소의 두 가지 기능이었다. 진기명품 보관소는 왕의 소유였고, 이것이 프랑스 혁명을 통해 몰수되고 시민의 소유로 뒤바뀌면서 보관소에 있던 사물들을 보관하고 전시할 공적인 공간이 필요하게 되었다. 이러한 연유로 탄생한 것이 바로 박물관과 박람회인 것이다.

둘째, 우리는 미술관에 대해 갖는 편견을 박물관에 그대로 적용한다. 미술관은 고전적이고 전문적인 대상을 전시하며, 일반 관람객은 여기서 조용히 머물면서 이해하려 애써야 한다. 하지만 박물관은 전문적인 대상만을 전시하는 것도, 조용한 명상의 공간도 아니다. 박물관은 그 역사 속에서 끊임없이 변화해 왔고, 전문적인 대상에서부터 일상적인 대상까지 다양한 사물을 보관, 전시해 왔으며, 관람객에게 명상뿐 아니라 다양한 관람 체험 방식을 제공해 왔다. 이런 관점에서 보면 미술관은 박물관의 하위 범주에 속하며, 박물관의 역사에 미술관 또한 포함된다고 할 수 있을 것이다.

이 책의 번역을 선뜻 출판해 주신 서광사 관계자분들께 감사드린다. 특히 서광사 편집부의 여러분들께서 번역 과정 중에 큰 도움을 주셨다. 부산외국어대학교 다니엘라 쉥커 교수는 핵심적인 개념 하나를 번역할 때 결정적인 도움을 주었기에 감사의 뜻을 표한다. 마지막으로 물심양면으로 힘이 되어 준 나의 아내에게도 고마움을 전한다.

2018년 3월
조창오

유니우스 시리즈는 1978년 간행된 이래 출판된 입문용 철학 서적들로 구성되었다. 처음에는 철학적 지식을 대중이 접하게 하여 제도적 발전을 이론적으로 무장시키려는 사회주의 구호로 시작되었고 80년대에 이 시리즈는 새롭게 등장한, 불투명한 미로 같은 시대적 상황에서 신뢰할 만한 실마리를 제공했다. 유니우스 시리즈는 지식 전달과 비판적 분석을 조합시킴으로써 자신만의 스타일을 창출했다.

학문들이 서로 교차하는 영역에서는 때때로 새로운 이정표가 세워져야 한다. 정신과학의 부분들은 문화과학으로 재편되었고, 미디어학, 과학사, 이미지학 등과 같은 새로운 분야와 중점 과제가 생겨났다. 자연과학과의 관계 속에서 정신과학과 사회과학의 전통적인 핵심 분야가 새로운 도전에 직면했다. 이러한 변화는 단순히 학문 분과라는 장기판에서 이루어지는 말의 교체가 아니다. 오히려 이 변화는 지식의 생성, 질서, 유효성에 근본적인 변형을 가져온다. 이러한 과정의 관점에서 이 입문 시리즈의 과제는 규칙적이고 강력하며 직관적인 방식으로 지식의 원천을 제공하는 것이다.

이 시리즈는 잘 알려져 있거나 때때로 덜 알려진 저자와 이론을 배우려는 이들을 대상으로 한다. 이들은 고전적 질문을 새로운 관점에서 바라보고 새로운 연구 영역을 유효한 형식에서 다루기를 원한다.

이 시리즈는 지배적인 개관을 제공할 뿐만 아니라 자신만의 고유한 관점을 제시할 분들이 썼다. 전달은 희석이 아니며, 대표성이란 완전함이 아니다. 이 시리즈의 저자들은 특정 대상에 대한 고유의 관점을 가지며, 이들의 흔적은 각 책에서 분명히 인식될 수 있다.

이 시리즈는 특별히 문화과학이라는 넓은 외투에 속하는 주제들을 위한 장소이며, 사유가 자연과학을 넘어 오늘날 무엇을 해낼 수 있는지를 사례를 통해 보여 준다.

입문서 시리즈는 그것이 이념, 인식, 지식의 순환을 장려하는 한 자신의 개념에 충실한 것이다.

미하엘 하그너(Michael Hagner)

디터 토매(Dieterv Thomä)

코르넬리아 피스만(Cornelia Vismann)

서론

박물관과 박람회에 관한 책들은 종종 다음과 같은 상투적인 말로 시작된다. "지난 세기에 어떠한 기관도 박물관과 같은 왕성한 활동을 보인 곳은 없다." 또는 "방문객 수가 계속적으로 증가하는 '박물관'이라는 현상은 지난 20년간의 일이다." 증가하는 방문객 수와 이러한 역사적 의미에 대한 규정 외에도 우리는 박물관이 현재진행 중이라는 것을 말해 주는 여러 다른 논증들을 열거할 수 있다. 새롭게 시작되는 착공들, 매번 웅장한 건축물, 항상 규모가 커지고 있는 "블록버스터"라 불리는 박람회들, 어린이 박물관과 같은 새로운 장르의 박물관, 박물관과 연계되어 있는 새로운 직업군들. 이러한 것들은 거짓이 아니다. 팽창하고 계속 변화하는 우리의 현재 문화에서 박물관을 중심적인 제도라고 소개하는 것은 매우 적절하다. 미국학 학자이자 큐레이터인 스티븐 휠셔(Steven Hoelscher)는 세계 박물관의 95퍼센트가 2차 세계대전 이후 건립되었고, 그 수가 계속 증가하고 있다고 말한다(Hoelscher 2006). 또한 박물관 목록을 보면 수많은 명칭의 박물관이 있으며, 그중 많은 수가 2000년대에 생겨난 것임을 알 수 있다. 박물관에 통상적으로 붙이는 "증가" 또는 "현재성"이라는 특징은 근거가 없는 것이 아니다. 하지만 신문 문화면부터 시작해서 박물관에 관한 논문집에 실려 있는 비평들은 현재를 항상 잠정적인 역사의 종점으로 서술하기 때문에, 이들은 이러한 박물관 현상의 이유를 파악하는 데 별 도움을 주지 못한다. 이들은 역사에 대한 낡은 모델을 다시 가동한다. 이 모델은 항상 분화하는 선형적 역사 발전 모델로서, 이 모델의 목적론적인 소실점은 바로 현재이다. 이 모델에 따르면 역사는 '여기'와 '지금'에서 지금까지는 알려져 있지 않은 정도의 복잡성에 도달했다. 이 모델이 이러한 도식을 반복적으로 항상 필요로 하는 이유는 가장 최근에 쓰인 텍스트를 시대에 맞게 옹호하고자 하는 욕구가 존재할 뿐 아니라 박물관과 그의 특수한 전시 및 전시 형식들을 항상 옹호하고자 하기 때문이다. 박물관은 근본적으로 모두가 갈 수 있는 장소지만, 이 장소는 사회적인 경계선을 긋고, 항상 교양 시민의 영역으로 정의된다. 이 점에서 옹호의 필요성이 존재한다. 박물관이라는 장소는 지식이 단순히 언어 및 그에 상응하는 지성의 작동을 통해서만 전달되는 것이 아니라, 감각적인 인식 방식도 어느 정도 역할을 담당하며, 이러한 감각적인 인식 방식은 간단히 계산될 수 없다. 마지막으로 박물관은 모든 개혁, 리모델링 및 확장에도 불구하고 과도하다든지 불필요하다는 비판에서 완전히 자유로울 수 없다. 이러한 단점도 있지만, 박물관이 가지는 이점들이 이렇게도 분명한데, 굳이 옹호해야만 할까? 낯설고 흥미로운 대상들로 채워지고 빛으로 가득 찬 공간, 세심하게 진열된 사물 배치, 특별 주제 전시들, 선별된 영화 장면들, 아직 본 적이 없는 예술 작품들, 일상적 대상 및 공예적 사치품들과 훌륭한 역사―이것이 박물관이다. 이 모든 것이 자명하기 때문에 이 입문서는 박물관을 옹호하려는 시도를 계속해 나가거나 그 명성에 걸맞게 이 제도를 위한 찬가를 이어 나가기보다는 박물관을 규정하는 요소들, 그의 역사, 변화하는 개념 및 그 규정들을 서술할 것이다.

박물관에 대한 이론과 이상형들은 자무엘 크빅헤베르크(Samuel Quiccheberg)가 이상적 박물관 및 그 대상들에 대한 첫 번째 인쇄물을 간행한 16세기 이래로 오랫동안 존재해 왔다. 20세기에는 박물관학 또는 박물관론이 생겨났고, 이는 응용 학문으로서 박물관의 역사 외에도 무엇보다 분류, 전문적 보존, 전시 구성과 관리 조직의 물음을 다룬다. 박물관학이 가지는 현재적인 관심은 박물관 활동에 대한 (철학적) 고찰, 전체로서의 박물관이라는 현상, 박물관과 사회의 변화하는 관계이다(Flügel 2005, 11). 최근에는 이와 연관된 개념들이 늘어났고, 박물관 과학, 박물관 연구, 박물관 분석, 『박물관 연구(Museum Studies)』, 『문화 전시(Exhibiting Cultures)』, 『새로운 박물관학(New Museology)』 또는 『큐레이터 연구(Curatorial Studies)』와 같은 전문 잡지들이 생겨났다. 이 결과로 이 영역을 위해 하나의 독립된 학과를 설립하고 이를 전문화하려고 노력하고 있다. 하지만 하나의 학문이 제도와 똑같은 이름을 가져도 되는지, 그리고 위에서 언급한 바와 같이 박물관의 효과들, 즉 다양한 생활 영역들이 세부적으로 분류되어 박물관의 대상으로 수용되는 과정이 더 넓은 문맥 속으로 계속적으로 확장되어야 하는지 등과 같은 정당한 물음들을 우리는 제기해야 한다. 그래서 우리는 수집에 대한 학문사적인 연구 또는 전시에 대한 예술사적인 연구를 반드시 검토해야만 한다. 따라서 박물관의 효과들을 서술하려면 우리는 다양한 학과들의 지원을 받아야만 한다. 우리가 항상 반복적으로 숙고된 박물관의 특수한 지각 형식과 조직 형식을 세밀하게 고찰하게 된다면, 그것은 어떤 일정한 질서를 이루고 있으며, 이는 회화론 또는 예술사의 방

법과 자연과학사 또는 문화과학의 배경 하에서만 해명할 수 있다. 박물
관을 서술하고 분석하기 위한 수많은 방법들이 다양한 학과에서 논의
되었다. 여기서 방문객과 대상 분석을 위해 기호학을 응용할 것인지
(Scholze 2004) 또는 클리포드 기어츠(Clifford Geertz)가 말하는 "촘
촘한 서술"(Beschreibung)의 도움으로 특수한 효과를 발하는 박물관
공간에 다가갈 것인지 등, 이 모든 물음은 공간의 특수성을 파악하고자
하는 시도들과 연관되어 있다. 하지만 이 시도들이 무조건적으로 포괄
적인 박물관 분석을 위한 지침을, 그리고 사람들이 전시를 잘 이해하는
데에 도움을 주는 방법론적 도구를 제공할 수 있는 것은 아니다. 발
(Mieke Bal)이 이러한 시도를 했는데, 이는 그녀가 2002년에 간행한
『문화 분석(*Kulturanalyse*)』의 두 번째 뉴욕 박물관과 그것의 전시에 대
한 서술에서 나타나고 있다. 담론 분석 및 『문화 연구(*Cultural Stud-
ies*)』의 토대 위에서 그녀는 이 공간의 관찰을 위해 매우 도움이 될 만
한 전시 용어를 창안했지만, 이 용어는 다른 박물관에 간단히 적용될
수 없다. 더 넓은 의미에서의 박물관학을 세우기 위한 새로운 노력들이
존재하는데 (먼저 이는 대학의 학과와 실습 단체의 설립이 증가하는 데
에서 알아챌 수 있다), 이는 위에서 언급한 박물관 현상에 대한 반응으
로 이해할 수 있다. 하지만 우리는 예술사학자이자 예술비평가인 더글
라스 크림프(Douglas Crimp)가 말한 것처럼 박물관학의 역사가 반복
적으로 항상 박물관의 이종성을 부정하고, 박물관을 동종적인 체계로
환원하는 것으로(Crimp 1996, 74) 그 목적을 삼고 있다는 느낌을 떨칠
수 없다. 크림프의 생각을 더 이야기하자면, 박물관에 관한 단일한 학
문은 존재하지 않고, 박물관 현상의 서술과 분석을 위해서는 다른 제도
와 다른 학과의 학문들이 필요하며, 박물관 현상은 그 자체로는 설명될
수 없는 매우 복잡한 복합물일 뿐이다. 그렇기 때문에 우리가 박물관

현상으로부터 이에 대한 하나의 독립적인 학문을 만들어야 하는지는 확실치가 않다. 사회학자인 페르디난트 퇴니에스(Ferdinand Tönnies)는 이 점에 대해 1931년도에 참조할 만한 학문적 노력을 기울였다. "나는 사람들이 쓸모 있는 연구를 할 만한 모든 대상이 특수한 학문의 이름을 가질 필요가 없다고 생각한다. 만약 그렇지 않다면 동물학 내에서도 닭학, 오리학, 그리고 더욱이 아름답기도 한 백조에 관한 학문도 존재할 것이기 때문이다. 이는 불필요하다"(Tönnies 1931, 72). 퇴니에스는 이러한 언급을 통해 독립적인 신문(新聞)학에 반대했다. 당시 신문학과를 따로 설립하려는 이들은 사회학이라는 커다란 범주로부터 빠져나오려 노력했다. 결국 퇴니에스는 학과의 설립을 저지할 수 없었다. 왜냐하면 독립된 신문학과가 발전했고, 신문 분석은 이후에 생겨난 미디어(매체)학과 속에 통합되었기 때문이다. 물론 새로운 매체는 새로운 분석적 도구를 요구한다는 반박이 가능하다. 박물관 과학도 비슷한 사정에 처해 있다. 오늘날 특히 학제적 연구에 대한 욕구가 존재하고, 이로부터 융합적 단위로 설립되는 다수의 전문화된 학문 방향들이 생겨나고 있다. 하지만 다양하고 풍부한 내용들을 다루고 있는 고전적인 학과가 이미 존재하고 있고, 이들 내용을 새롭게 설정만 하게 되면 박물관에 대한 논의가 충분히 이루어질 수 있는지에 대해 우리는 반성해야만 할 것이다. 물론 앞선 논의가 박물관 과학을 "닭학"과 비교하는 것처럼 보인다 해도, 그것은 박물관이 우리의 현재적 문화의 중심 주제 중 하나가 아니라는 것은 아니다.

그렇기 때문에 이 책은 박물관학 또는 박물관 과학이라는 특정학과의 정신으로부터 박물관을 설명하는 것도 아니며, 실용적 목적과 관련된 물음에 답변하는 것도, 어떤 안내서를 제공하는 것도 아니다. 오히려 이 책은 세기를 거쳐 오면서 계속 변화해 온 다양한 박물관의 개념들을 다루며, 이에 대한 개관을 서술해 보고자 한다. 여기서 "박물관 이론" 또는 박물관 과학이 전제되어 있지 않은 것은 분명하다. 하지만 박물관 현상 일반을 서술하고 설명을 가능하게 하는 다양한 박물관 기획들과 해석의 명제들이 존재한다. 그래서 이 책의 제목은, 상세하고 더 정확하게 표현해 보자면 "박물관 개념의 역사"가 맞다. 이 책을 이렇게 지칭하는 이유는 이 제도의 역사가 오늘날 박물관 개념의 심층적 이해를 위한 공감의 지반을 이룬다는 확신, 그래서 대상에 대한 현재적인 관찰 보고를 주제로 삼아 이를 전달할 수 있다는 확신으로부터 나온다. 박물관에 대한 다양한 개념의 역사는—아마도—중심적인 텍스트를 토대로 연대기적 순서로 진행된다.

여러 참고 문헌의 선택과 책의 구성에서 무엇보다 두 가지 명제가 나에게 중요했다. 첫 번째로 이 입문서는 박물관과 박람회가 20세기 초반에 발생한 두 가지 서로 다른 전시 방식(Präsentationsweisen)이라는 중심 명제를 따른다. 그렇기 때문에 올바른 제목은—더 정확하게는—"박물관과 박람회 개념의 역사"여야만 한다. "박물관"과 "박람회"는 오늘날 종종 동의어로 사용되며 구별되지 않는다. 이들의 특수한 연관을 언급했던 이들 중 한 명이 바로 토니 베넷(Tony Bennett)이다. 그는 『박물관의 탄생(The Birth of the Museum)』에서 19세기 귀중한 이 제도의 설립이 동시대에 있었던 놀이공원과 만국박람회의 발전과 비교함으로써 이해될 수 있다고 밝히고 있다(Bennett 1995). 하지만 나는 박물관과 박람회의 역사를 보면 이들의 전시 형식들이 서로 다른 원천에서 오며, 오늘날에도 이들이 이 원천을 주제로 드러내지는 않지만 이를 계속 반영하고 있다고 주장하고자 한다. 박물관의 지속성, 박람회의 유동성과 일시성이 오늘날 공간 전시에 대해 우리가 가지는 이해의 핵심과 이중적 측면을 형성한다. 두 번째로 우리가 박물관 개념을 지각할 때 우리는 항상 독립적인 유형으로서 박물관의 기준으로 예술 박물관을 전면에 놓는다. 박물관 제도에 대해 가지는 우리의 이해 방식, 많은 기대와 선입견은 고전적인 예술 박물관의 이해 및 지각에서 오는데, 이는 대상 앞에서 조용히 서 있기, 그것의 고찰에 침잠하기, 교양을 뿜어내는 공간을 조용히 걸어 다니기를 요구한다. 이러한 점들은 바로 평범한 관람객보다는 전문가에게 열려 있는 유효한 기준의 경험으로서 "박물관적인 토대 사유"를 형성한다(Hofmann 1970, 120). 오늘날 수많은 박물관이 존재한다 해도 이러한 특징들은 여전히 유효하다. 하지만 다른 관점에서 보면 이러한 특징들은 낡았고, 지난 30년에서 40년에 이르는 개혁을 통해 실제로 더 이상 존재하지 않는다는 점이 특기할 만하다. 항상 박물관은 교양의 장소이며, 어린이를 위한 특별 프로그램, 준비된 박물관 현장 교육, 카페, 이벤트, 박물관 기념품 가게 등은 박물관을 단순히 산만하게 만드는 것이 아니라 우리 일상 세계의 한 부분으로 경험하도록 한다. 그럼에도 특정한 경험 방식이 존재한다. 언제나 벽에 걸린 그림, 또는 진열장 속 대상은 오로지 오래 지속되는 관람을 통해서만 관람자에게 열린다는 사실이 존재한다. 이러한 세심한 지각은 대화 속에서 또는 홀로 이루어지는 가운데 대상에 대한 모든 새로운 인식, 새로운 모든 지식의 기초를 이룬다. 예를 들어 처음부터 자연사 박물관은 존재하는 지식의 축적과 전달로부터 시작한 반면, 예술 박물관의 (프로이센의) 이상은 인간의 고양, 포괄적 교양과 정신적 완성의 고양에 기초를 두고 있다. 모든 개혁, 모든 비판은 이 이상으로부터, 그리고 이 이상과 연계된 전시 형식으로부터 출발했다. 이는 또한 의식적으로 추진해야만 했다. 그렇기 때문에 이 책은 다양한 박물관 종류들을 다루면서도 이들을—아마도—비교하면서 연결하려고 노력할 것이다.

이 두 가지 명제가 나를 이끌어 나갈 것이다. 언제나 이들을 추적하는 일이 쉽지는 않았다. 왜냐하면 박물관 연구는 항상 개별적인 부문들, 공예 박물관, 자연사 박물관, 기술 박물관 또는 예술 박물관 각각에 집중하지, 이들을 서로 비교하려고 하지는 않기 때문이다. 수많은 개별 전문 연구들이 발표되었는데, 이들은 박물관 역사 영역을 광범위하게 보면서 제도적인 틀이라는 조건 이외에도 일상적인 작업들과 박물관 속에서 진행된 연구들에 대한 정보를 제공하고 있다. 극소수의 연구만이 박물관들의 상호 관계를 타당성 있게 논의하고, 전시 방식이나 공간 배치 등에 관한 비교에 성공했다. 그래서 이 입문서는 선별된 중심적인 1차 문헌과 중요한 2차 문헌 및 그 주변 연구들을 기초로 한다. 이는 크리스티안 포겔(Christian Vogel), 안야 자틀마허(Anja Sattelmacher), 마르틴 로지(Martin Rosie)의 도움이 없었다면 결코 이루어질 수 없었을 것이다. 상당한 박물관 문헌을 소장하고 있는 튀빙겐 대학 경험문화학의 루드비히-울란트-연구소(Ludwig-Uhland-Institutes) 도서관과 관장인 케어스틴 렘(Kerstin Rehm)은 이 책의 완성에 크게 기여했다. 토마스 티마이어(Thomas Thiemeyer), 디트마 뤼벨(Dietmar Rübel)과 앙겔라 마튀섹(Angela Matyssek)으로부터 나는 중요한 조언을 얻었고, 루드비히-울란트-연구소 학생들은 생동감 있는 토론을 통해 자료의 배치에 기여했다. 나는 이들과 이 입문서 시리즈의 편집자가 박물관 주제를 받아들인 데 대해, 그리고 엄청난 기다림과 탁월한 교정을 제공한 유니우스 출판사의 슈테펜 헤어만(Steffen Herrmann)에게 진심으로 감사를 표한다.

박물관 개념들

미술사가인 슈테펜 반(Stephen Bann)이 1978년에 "반어적 박물관"이
란 개념을 고안했는데, 이는 자신을 스스로 소개하는 박물관, 즉 자신
이 어떻게 구성되고 종합되어 있는지를 보여 주는 박물관을 가리킨다
(vgl. Bann 1978). 이 개념 속에는 두 가지 서로 다른 전시 방식이 존재
하는 것을 볼 수 있다. 교육과 시대를 위한 선형적이고, 연대기적인 모
델이 첫 번째 모델인데, 이 모델에 따르면 박물관의 개별적인 대상은
하나의 예시로 기능하며 동일한 종류의 대상 전체 그룹을 대표한다. 고
대의 무덤 회화, 17세기에서 19세기에 이르는 꽃병 또는 돌로 다듬어진
화살촉 등이 이에 속한다. 두 번째 모델은 특정한 역사적 과정의 한 부
분을 재구성한 공간으로서 관객 공감 효과를 노리며, 대상을 특정한 역
사적 시점의 유물로 전시한다. 비더마이어 양식의 의자 장식, 벽에 있
는 카페트, 도자기, 종이 세공 등이 이에 속한다. 반(Bann)은 비록 역사
박물관을 염두에 두면서 특히 1800년경을 전후해 프랑스에서 생겨난
두 가지 모델을 언급하지만 그는 이 구별을 통해 핵심에 파고들었다.

반어적 박물관은 이 모델들 중 하나만을 따르는 것이 아니라 둘 모두를 동시에 전시하며, 이를 통해 박물관 제도의 자기반성적 모습을 보여 준다. 여기서는 다양한 시대와 전시 층위들을 동등한 위치로 병행 전시하는 것이 중요하며, 박물관은 이들을 자기의식적으로 통합하여 전시한다. "반어적 박물관"은 자기 자신을 지시하고, 자신이 다수의 박물관들 중 하나라는 점을 알리며, 거대 담론에 의존하기보다는 자신의 전시 방식 속에서 다양한 지각 방식들을 통합한다. 특히 방문객에게 박물관이 어떻게 구성되어 있는지를 인식하게끔 한다.

오늘날에도 박물관을 "반어적인" 자기반성적인 것으로 인식할 수 있기 위해서는 박물관을 구성하는 요소와 그의 탄생에 대한 몇몇 지식이 필요하다. 이어지는 장에서 설명되겠지만, 이 지식에는 다양한 연출 및 전시 방식들이 속하며, 또한 이미 서론에서 이야기되었듯이, 박물관과 박람회의 차이도 이에 속한다. 그렇기 때문에 이번 장에서는 먼저 개념 실명이 이루어지며, 이를 통해 오늘날 너무나 빠르게 서로 뒤엉켜 버리는 현상의 중심 요소들이 구별될 것이다. 왜냐하면 일상에서 우리는 한 번은 박물관, 한 번은 박람회에 대해 이야기하면서 다시금 수집에 대해서도 이야기하기 때문이다. 박물관에 가는 이는 방문객, 소비자 또는 지식인이다. 예술 작품을 통제하는 이는 감시자, 관리자 또는 큐레이터이다. 신문 문화면이나 학생들의 리포트를 보면 이 용어들이 서로 뒤섞여 있다. 이제 다루게 될 용어에 대한 짧은 역사는, 추천할 만한 책인 『박물관이란 무엇인가?(*Was ist ein Museums?*)』를 약간 보충한 것이다. 이 책은 2001년에 멜라니 블랑크(Melanie Blank)와 율리아 데벨트(Julia Debelt)가 쓴 것으로, 개괄적으로 몇 세기에 걸쳐 박물관 개념을 제도의 역사와 연결하고 있다. 반면 이 입문서는 서로 다른 제도화, 형식들의 구별에 초점을 둔다. 박람회는 반드시 박물관에서 열릴 필요가 없으며, 수집은 박물관일 필요가 없다. 이 견해는 그 자체로 진부한 느낌을 줄지는 몰라도 우리가 박물관과 박람회 개념의 인플레이션을 현재 속에서 추적하면 할수록 더 뚜렷한 결과들을 우리에게 가져올 것이다.

박물관 개념은 그 어원이 라틴어에서 유래하며, 학문적 작업을 위한 장소를 뜻한다. 이는 "뮤즈의 자리"(Musensitz)의 그리스어 표현이 살짝 변형된 것이다. 현재의 브록하우스 백과사전은 이를 요약해 박물관의 시초를 "18세기 이후 예술적이고 학문적인 대상의 공적인 수집 및 그 건물"(Brockhaus 1998, Bd. 15, 261.)이라고 서술하고 있다. 이로써 박물관이 이미 18세기에 자신의 시초를 가진다는 특정한 관점이 제시되었다. 우리는 사실상 계몽의 세기에 정치적인 동기를 갖고 공적으로 접근 가능한 첫 번째 수집의 전시를 접하게 되지만, 좀 더 자세히 살펴본다면, 이 개념을 고대적 원천으로부터 도출하는 것이 유익할 것이다. 뮤즈의 자리는 뮤즈의 여신들이 경배받는 장소, 즉 산의 정상이나 수풀, 동굴 등, 제단이 설치되어 있고, 종종 가르침의 장소와 결합되어 있었다(Ziegler/Sontheimer 1969, Bd. 3, 1482). 경배와 교육적 대화는 박물관의 원천적 개념을 형성하는 결정적인 핵심이다. 따라서 박물관이란 해당하는 교육적 도구와 그것의 수집을 포함하는 교육 장소이다. 그러한 박물관에 알렉산드리아(오늘날 이집트)의 도서관, 프톨레마이오스 제국이라는 고대의 고전적인 거대 도서관이 속한다. "프톨레마이오스 박물관의 첫 번째 기능은 […] 기원전 4세기 정치적 소란을 통해 위험에 처한 텍스트와 대상들의 재생 및 보존, 생물학적 표본 및 조직화된 연구를 통한 새로운 지식의 생산을 위한 것이었다"(Turner 1996, Bd. 22, 354). 박물관은 18세기에 이르기까지 연구 및 전문적인 교류 장소였다. 박물관은 분명히 수집 공간에 가깝다. 그래서 박물관은 항상 반복적으로 저장소 또는 연구 공간으로 표기된다. 1739년에는 아직도

"연구 공간"이란 정의가 지배적이며(Zedler 1739, Bd. 22, 1375), 옥스포드에 있는 애쉬몰 박물관처럼 전문적인 박물관들은 교육 시설과 긴밀하게 결합해 있었다(ebd., 1378). 18세기에야 이 개념이 자주 사용되면서 천천히 수집 및 공적 향유를 담당하는 건물이라는 의미를 획득하게 된다. 사람들은 이제 예술 대상, 책, 자연 대상을 분명하게 구별하기 시작한다. 1820년 브록하우스의 『대화 사전(*Conversations-Lexikon*)』에 "박물관"이 포함되는데, 이 사전에서 박물관의 기능은 "전문가의 견해, 예술 향유자의 향유, 호기심 있는 자의 만족, 학생과 선생의 교육을 위한" 것이었다(Brockhaus 1820, Bd. 6, 667). 이 사전에서 교육 사항은 마지막 부분에만 언급되어 있고 앞 부분에는 어떤 건물 속에 전시된 수집과 그것의 기능, 즉 관람, 향유, 만족에 대해 서술되어 있다.

19세기 초에는 "수집"이란 단어가 명료해진다. 1800년 이전 시대의 개념적 규정에서 사람들은 수집이란 표현을 먼저 어떤 것의 수집, 생각, 인용, 텍스트에 대한 특정 부분의 수집으로 이해한다. 이 단어는 축적하는 행위를 가리킨다. 19세기 초반 『경제 백과사전(*Oeconomischen Encyclopädie*)』의 '수집' 항목에는 많은 페이지를 할애하고 있는데, 이는 각각의 수집 영역—목재, 서류, 책, 가구 등 수많은 사례들과 수집에 대한 상세한 서술들, 어떻게 사물들이 저장되어야 하는지 등을 서술하고 있다. "사람들이 둥지 속에 있는 각 조류의 알을 수집하게 된다면 이는 커다란 즐거움을 준다"(Krünitz 1824, Bd. 135, 704). 여기서 함께 모아 둔 것과 모으는 과정이 강조된다. 박물관의 정의와 달리 관찰자나 대중의 반응(향유, 만족)이 강조되는 것이 아니라 오히려 대상 영역의 완결 및 완성도가 강조된다. 19세기에 수집은 "수집된 다양한 대상들의 집합"으로 표시되며, 이들이 정돈된 "자신들의 통합 속에서 동시에 하나의 전체를 형성한다"는 점이 강조된다(Meyer 1851, 6. Bd., 2. Abt.,

1292). 두 번째 단계로 자연과학적 수집 또는 예술과 관계된 수집에 대한 언급이 뒤따르는데, 이 개념은 학문에 도움이 되는 제도적 형식이라는 관점에서 서술되고 있다.

수집이란 말과 비슷하게 전시(Ausstellung)라는 말의 용어사도 일정한 행위로부터 시작된다. 원래는 감시병과 경계병이 '전시되고' '배치되며', 어음이 '발행되고' 누군가가 '공개적으로 비난되고', '징계가 내려진다'. 마지막으로 상품들이 '전시되거나' '방치된다'(Adelung 1774, Bd. 1, 588). 원천적으로 라틴어의 "exponieren"은 "표현하다, 보여 주다"를 의미한다. '수집하다'와 달리 '전시하다'는 바깥을 향한 활동을 뜻하는 개념이고, "넘겨주다"의 의미를 포함한다(Grimm 1854, Bd. 1, 987-990). 이 개념이 18세기에야 비로소 나타났다는 점은 흥미롭다. 전시에서 중요한 것은 공공에 알리는 것이며, 이는 조형예술 작품(예술 전시)과 상품(직업, 산업 전시)이라는 두 가지 대상 영역과 관계한다.[1] 박물관과 달리 박람회는 19세기에는 일시적인 행사였으며, 이는 고정된 건물 속에 자신의 장소를 가지기보다는 호기심의 가치를 전면에 내세운다. 따라서 박람회는 예술이건 상품이건, 둘 모두 "대중의 앎"을 이끌어 내야 하며, 전시된 것의 판매를 가능케 해야만 한다(Ersch/Gruber 1887, Bd. 40, 250). 특히 직업, 산업박람회에서는 국가적인 경쟁과 박람회에서 비교 관찰할 수 있는 생산자들의 공명심을 자극하는 일이 강조된다(Meyer 1848, Bd. 12, 910). 18세기 중반 파리의 살롱에서 일시적인 예술 전시가 시작된 반면 산업박람회는 18세기 말에 도입되었고, 만국박람회는 19세기 중순부터 시작되었다. 박람회는 시대적인 의미에서 진보적인 생각과 연결되어 있다. 박람회는 "항상 기술적 완성

---

1 (역자주) 독일어 Ausstellung은 문맥에 따라 "전시" 또는 "박람회"로 번역되었다.

의 더 높은 발전을 위한 강력한 지레"였다(ebd, 907).

이로써 이 개념들의 사용에 있어서 오늘날까지도 여전히 그 역할을 담당하고 있는 구별이 분명해졌다. 수집은 대상들의 '함께 모음'이고, 여기서 '함께 모음'의 방식, 그 실행 및 과정이 전면에 놓여 있다. 수집이 이루어지면 '함께 모아'지지만, 이것이 반드시 대중에게 전시되어야 하는 것은 아니다. 이에 반해 박물관의 현대적 개념은 우선 대표물의 재현과 관계한다. 박물관은 한편으로 수집 및 '함께 모음'과 관계 있는 대표적인 어떤 것을 알리며, 다른 한편으로는 2차적 질서의 기준, 예를 들어 예술과 관계한다. 대중과 호기심 많은 전문가들이 박물관을 접하고 있으며, 박물관은 이들을 위한 전시 및 인식 목적으로 세워지게 되었다. 박물관이 지속적인 것을 구체화하며, 자신의 건물과 초시간적으로 유효한 내용을 가지고 있다면, 박람회의 시초는 일시적인 전시의 실현으로서, 개별적인 공개는 발표 이벤트들의 계열에 따라 이루어진다. 박람회에서는 먼저 대표물의 재현보다는 발표의 일시가 중요하며, 이 때 이 발표는 고정적인 건물에서 이루어지지 않으며 조그만 공간보다는 커다란 홀에서 열린다. 또 원작에 대한 침잠보다는 제시된 물건들의 비교를 가능케 한다. 한 예가 이러한 연관을 밝혀줄 것이다.

드레스덴의 위생 박물관이라는 이름이 오늘날에도 여전히 낯설게 들리지만, 이름을 변경하라는 모든 요구에도 버티면서 이름을 완고하게 고수한 데에는 오로지 박물관 책임자들의 공적만 있는 건 아니다. 위생 개념의 설명, 이 박물관의 역사, 그것이 1차 세계대전 이전에 일시적 박람회로부터 유래했다는 점은 이 박물관이 단순히 청결함의 규칙들뿐 아니라 인간의 신체 및 이와 연결되어 있는 가능한 모든 정신적이고 신체적인 상해들을 포괄하고 있다는 점을 명확하게 밝혀 준다. 이 박물관이 박람회로부터 유래되었기 때문에 1990년대 이후로 객원 큐레이터들이 이 박물관에서 거대한 전시를 실행해 오면서, 왜 이 박물관이 매우 유명하면서도 비난받는 "전시 기획자"의 첫째가는 장소 중 하나인지를 명확히 밝혀 준다. 왜냐하면 이 박물관은 (너무나 포괄적인) 전시를 제공하고 있기 때문에 자신의 상설 전시물들을 포기해야만 하며, 그래서 이 박물관은 상설 전시물들을 관리하는 것이 아니라 근본적으로 이미 그의 탄생 때처럼 그때마다의 현실적인 주제들을 제시하기 때문이다.

이는 내게 중요하게 여겨지는 마지막 개념적 구별로 이끈다. 박물관에 관한 논의에서는 항상 반복적으로 쿠스토스(Kustode)와 큐레이터(Kurator)란 표현이 사용된다. 쿠스토스 또는 관리자(Kustodie)라는 말은 먼저 시대에 뒤쳐진 표현으로 들리며, 그래서 우리는 현시대적인 개념으로 큐레이터라는 말을 애용한다. 하지만 이 표현의 차이에는 단순히 차이 나는 시간성 그 이상이 포함되어 있다.

쿠스토스(Custos)는 고대 로마에서 유래하는 제우스 별칭이며, 그의 보호하는 기능과 연관된다. 그러다가 이 표현은 페이지의 마지막 열에 삽입되어 다음 페이지의 처음 윗 열에서 반복되는 모음 또는 단어 전체를 가리키면서부터 18세기 책의 인쇄 용어로 되살아나게 된다.[2] 아델룽(Adelung)은 크뤼니츠(Krünitz)처럼 이러한 맥락에서 쿠스토스를 "페이지의 보호자"라 부른다(Adelung 1774, Bd. 1, 1224; Krünitz 1776, Bd. 8, 476). 1800년경을 전후에서 페이지의 후보자로부터 보물의 보

2　(역자주) 예를 들어 인쇄된 페이지에서 'candidos'란 표현이 모두 인쇄되지 못하고 'candi-'까지만 기록되고 나머지 부분인 '-dos'가 다음 페이지 맨 처음 열에 인쇄되는 경우를 생각해 보자. 그러면 독자는 'candi-' 다음에 어떤 표현이 오는지를 확인하려면 페이지를 넘겨야 한다. 이러한 수고로움을 덜어 주기 위해 'candi-' 바로 아래 행에 'dos'란 표현을 기입해 줌으로써 독자는 글을 쉽게 이해할 수 있게 된다. 당연히 '-dos'란 표현은 다음 페이지 첫 열에 다시 나오게 된다. 이때 이 'dos'를 쿠스토스라고 한다.

호자, "특히 공적 수집물의" "감시자" 또는 "관리자"가 된다(Meyer 1846, Bd. 7,3. Abt., 462). 19세기에 사람들은 이 표현을 직위로 이해 하며, 이 직위 담당자는 배치 형식을 감시하는 것이 아니라 박물관 수 집물의 학문적인 편집자나 확장을 꾀하는 자로 활동하게 된다. 여기서 다시금 교회 조직과의 커다란 유사성이 언급될 수 있다. 돔의 쿠스토스 는 "대성당 돔의 관리자로서, 그에게는 교회 보물과 교회 물건들의 보 존 임무가 맡겨져 있고"(Meyer 1851, Bd. 19, 1. Abt., 651), '쿠스토스 답다'(Kustodie)는 것은 "쿠스토스의 권위"를 의미한다. 현재 브록하우 스 사전에서 박물관 쿠스토스에 대한 정의를 보면 그것은 "학예관"을 의미한다. 따라서 쿠스토스란 표현에서 직위와 제도의 긴밀성을 알 수 있는데, 이 긴밀성을 의미하는 명예 코드는 이미 잃어버린 셈이다 (Brockhaus 2006, Bd. 16, 158). 쿠스토스는 박물관 내에서 박물관 대 상에 대한 학문적인 연구자이며, 전문 분과 내에서는 자격을 갖추고 있 는 "전문가"로 간주될 수 있다. 그는 일반적인 교양인이 아니라 특정 대 상 영역에 대한 전문가이며, 그는 박물관의 (일부) 수집만을 관리하면 서 이를 확장하고 정돈하며 변경한다.

박물관학 입문서 또는 프리드리히 바이다허(Friedrich Waidacher)의 『일반 박물관학 안내서(Handbuch der Allgemeinen Museologie)』에서 조차 쿠스토스와 큐레이터의 구별이 이루어지고 있지 않다는 점은 흥 미롭다. 카타리나 플뤼겔(Katharina Flügel)은 영어의 언어 관습을 지 적하면서 쿠스토스를 큐레이터라 지칭한다. "최근 박물관 내부의 독일 어 언어 관습에서 이 개념은 점점 더 수집 영역을 관리하는 연구관이라 는 개념 권한을 획득하고 있다"(Flügel 2005, 71). 그녀는 쿠스토스라는 개념을 언급조차 하지 않는다. 바이다허는 두 개념을 동의어로 사용하 는데, 이에 따르면 큐레이터는 "박물관의 연구관이다"(Waidacher

1999, 153, 626). "큐레이터" 개념의 유래를 살펴보면 구별이 얼마나 의미 있는지, 그리고 구별을 없애는 것이 어떤 중요한 정치적 함축을 가지는지 분명해진다.

큐레이터는—정부나 법 앞에서—다른 사람 또는 관청의 일종의 대변자이다. 라틴어에서 유래하는 큐레이터는 염려자, 양육자, 관리자, 후견인을 의미하며 "curare"는 "염려를 가지다, 조달하다, 양육하다"를 의미한다(Pfeifer 1993, Bd. 1, 748). 이 표현은 오늘날 관리 위원회 또는 감사국 등의 의미를 지니는 'Kuratorium'이란 표현으로 남아 있다. 18세기 말에 큐레이터는 본질적으로 예를 들어 "결여 때문에 자기 소유의 물건을 관리할 수 없는" 사람, 즉 미성년자의 대변자였다(Krünitz 1776, Bd. 8, S. 468). 우리가 이 표현을 (19세기에도 통용되던) 의미, 즉 "사무의 관리자, 어떤 사물에 대한 감시자"로 간주한다면(Meyer 1846, Bd. 7, 3. Abt., 434), 이 표현은 특정한 제도나 인물에 묶여 있는 직위라기보다는 무언가를 대변하는 기능을 의미하며, 여기서 이 기능이 오랜 시간 동안 어떤 무엇과 결합되어 있을 필요는 없다. 대변하는 관계는 근본적으로 다시금 사라질 수 있다. 쿠스토스와 큐레이터는 서로 다른 두 가지 행위 영역과 관계하며, 이는 오늘날의 세밀한 분화를 지시한다. 쿠스토스는 수집 및 그 관리에 대한 책임과 연관되며, 박물관이란 제도 속에서 이 기능이 재현된다고 한다면, 큐레이터는 단기적으로 고용된 관리자이며, 전시 큐레이터는 보통 한정된 시간 내에 일정한 제도에서 일하고 후에 다른 장소에서 새로운 기획을 시도하며, 수집물들을 관리하거나 새로운 구입을 제안할 수도 있다. 전시 큐레이터(또는 1960년도부터 전시 기획자)는, 예를 들어 최근 역사에서 하랄트 스쩨만(Harald Szeemann)과 그의 전시 기획인 "정신적인 객원 노동의 에이전트"가 보여 주는 것처럼, 쿠스토스보다 훨씬 더 사회적이고 공공의 영향력 있는 지위를 획득했다는 점이 흥미롭다. 큐레이터라는 직위는 시간적으로 한정적이다. 그러나 이 직위는 대상에 대한 지식과 상세한 정보의 특정한 축적을 더 이상 맡지 않는다. 다른 말로 하자면 1980년대 초 독일 정치 상황에서―박물관에서도―인물과 위임 권한의 결합은 지배적인 지식의 형태라고 비난받아 폐지되었다. 이러한 결합 현상은 단순히 공공 권한의 다양한 영역 속에서 나타나 지식의 자본화를 낳았을 뿐 아니라 가장 극명한 방식으로 박물관에서도 진행되었다. 큐레이터가 박물관 제도와 관련된 것이 아니라 자신의 생각 또는 특정 회사와 관련된 전시를 하게 되면서, 그는 수집 보존과 관리에 투자할 수 없으며 하려 해서도 안 된다. 반대로 쿠스토스는 전시 기획에 대해서는 전문가가 아니다. 하지만 최근 40년 동안에는 이 전시 기획이 박물관의 중심적 과제로 성장했다. 여기서 일어난 것, 그리고 개념의 정교한 의미 구별이 보여 주는 것은 한편으로는 박물관 과제, 다른 한편으로는 전시 국면의 분화이다. 오늘날 쿠스토스와 큐레이터는 더 이상 구별되지 않으며, 대개 박물관에는 오직 "큐레이터들"만이 일하며, 이들이 두 가지 과제 영역을 통합한다. 사실상 이는 더 정확한 개념으로 보이는데, 왜냐하면 음울한 세계와 거리를 두면서 뒤에서 일하는 쿠스토스라는 직업 이미지는 더 이상 존재하지 않기 때문이다.

이번 장에서 다뤘던 용어들을 다시 살펴보면, 오늘날 박물관 개념에는 20세기까지 분화되어 온 다양한 과제들이 포함되어 있다. 이러한 분화가 오늘날 그렇게 중요하지 않다는 점은 역설적이다. 지난 20년간 수집, 박물관, 최근에는 박람회에 관한 엄청난 양의 역사적이고 체계적인 연구들이 이루어졌고, 이들은 얼마나 다양한 주제들이 이 영역에서 다뤄졌는지를 보여 주고 있다. 시각적 연관에 대한 새로운 감수성이 여기서 생겨났고, 이는 특히 박람회에 관한 보고서들 속에서 나타난다. 거꾸로 박물관, 박람회, 수집, 쿠스토스, 큐레이터라는 대상 영역들이 오늘날처럼 서로 교환 가능한 적은 없었다. 그래서 여러 부문에서 이들에 대한 구별이 더 이상 이루어지지 않게 되었다. 연관 속에 있는 제도들이 뒷전에 물러나게 되고, 대상 자체, 수집하고 전시해야 할 대상이 전면에 놓이게 된다. 반어적인 박물관은 다시금 이 역설을 해소할 수 있다. 19세기 이래로 중요한 두 가지 시각 및 지각 연관, 즉 계열 속에 놓인 대상과 역사적이고 공감적인 연관 속에 있는 대상을 보여 줌으로써 박물관은 우리에게 정교한 구별, 전시 형식 및 개념을 요구하게 된다. 그래야만 우리는 박물관을 박물관으로 인식할 수 있으며, 서로 다른 전통 및 지각적 교육이 어떠한 제도 속에 포함되어 있는지를 보게 될 것이다.

박물지와 박물관 건립

박물지

자무엘 크빅헤베르크는 1559년에 커다란 과제를 앞에 두고 있었다. 그 해에 이 지식인은 공식적으로 알브레히트 5세의 명령으로 뮌헨 궁전에서 진기명품 보관소(Kunstkammer)의 대상들을 정돈하고, 이들을 글자 순서대로 분류하며, 이 일을 위해서 중부 유럽의 수많은 수집들을 보고 오게 되었다. 모든 종류의 수집물 및 우리 시대의 눈으로 봐도 매우 특이하게 보이는 수집물들을 오랜 기간 동안 다룬 그의 결과물이 바로 1565년에 쓴 『매우 풍부한 전시실의 표제 또는 명칭(*Inscriptiones Vel Tituli Theatri Amplissimi*)』이다. 이 책은 당시 다양한 수집물에 대한 그의 유일무이한 지식 및 지각 경험에서 왔을 뿐만 아니라 또한 박물관 이론에 관한 첫 번째 책으로 간주될 수 있다. 왜냐하면 이 책에서 체계적인 방식으로 대상 영역들이 서술되고, 그들의 연관이 설명되기 때문이다. 박물관에 관한 생각을 추적하고자 하는 이에게 1565년은 고찰을 출발할 적절한 시점이다.

이미 크빅헤베르크가 박물관을 질서 기획이라고 생각했다는 점은 분명하다. 이 기획은 지배자의 권력과 전문적인 관심을 통해 실현되었다. 이러한 질서 기획은 박물관의 역사에서 항상 학문의 역사와 연관되어 있다. 한편으로 잘 정돈된 박물관에서 학자들은 연구 대상을 대여받았고, 다른 한편으로 박물관은 지식 활동의 내용에 영향을 미쳤다. 1장에서 우리는 개별 개념들을 언어사적으로, 즉 각각의 시대적인 의미 속에서 각 시대의 일반 사전을 통해 예증했다. 이들은 박물관과 연관된 개념들의 더 정확한 구별을 가능케 하며, 이 개념들은 그 자체로—전문 사전이 아니라—일반 사전을 통해 완전하게 박물관에 대한 기초적 이해를 제공해 줄 수 있다. 다양한 사전 항목들과 유사하게 여러 세대에 걸쳐 박물관 개념의 대상적, 제도적, 이론적 실현은 박물관 이론의 변화, 그 이론의 새로운 정식화 및 여러 단계를 이해하기 위한 시대를 아우르는 가치 있고, 칭송받을 만한 배경지식을 제공한다. 자세한 고찰을 통해 수많은 "첫 번째" 박물관들이 존재한다는 점이 분명해진다. 우리는 플라톤의 아카데미아와 알렉산드리아의 도서관에서부터 시작할 수 있다. 우리는 르네상스를, 또는 궁극적으로 18세기의 공적으로 접근 가능한 수집소를 박물관의 첫 번째 시공간으로 서술할 수 있다. 사람들이 머나먼 원천과 시간의 깊이를 강조하고자 한다면 고대의 시설들이 언급될 수 있다. 이 시설들도 연구 및 공동의 삶이라는 이념에 따라 수집물들을 보존했다. 우리가 박물관을 인간이 자신의 세계를 정돈하고 형태화하면서 미래 기획으로 세계 속에 침투하여 세계를 바꾸려는 인간의 노력으로 이해한다면, 르네상스 시기의 진기명품 보관소(Kunst- und Wunderkammern)가 박물관 이해를 위해 기준이 된다. 세 번째 의견은 박물관의 원천을 18세기 후반으로 잡고, 이를 공공성의 생성, 민족국가 발전, 넓은 의미에서 공적-법적 조직과 연계한다.

역사가 크르쥐스토프 포미안(Krzysztof Pomian)은 자신의 책『박물관의 원천(*Der Ursprung des Museums*)』을 "수집에 관하여"란 부제와 함께 출간하면서(Pomian 1988) 기원전 6000년 전 무덤 부장물들로부터 자신의 고찰을 시작한다. 이 책은 박물관의 시초를 16세기에 놓는다. 왜냐하면 첫 번째 반성은 단순히 수집이 아니라 이 수집을 공적으로 우주를 재현하는 질서로 간주하는 데서 시작하기 때문이다. 앞에서 언급한 크빅헤베르크의 논문은 첫 번째 박물관 이론이자 수집가를 위한 지침서라 할 수 있다. 그래서 안트베르펜 출신의 이 학자가 문학적 형식을 정초한 것이고, 여기서 이론적 반성, 지식의 내용, 현실적인 수집 및 수집을 위한 적용과 관련된 내용을 서로 결합하고 있다. 18세기에 이르기까지 그러한 논문이나 책이 쓰이고 수집가의 자문과 조언을 포함하게 되면서 여행 지침서로 사용된다. 그런 다음에 "박물지"가 다뤄지게 된다.

크빅헤베르크의 논문은 진기명품 보관소에 대한 일종의 이상적 계획을 표현하고 있다. 이 계획은 다음을 의미한다. "매우 풍부한 전시실의 표제 또는 명칭. 이 전시실은 모든 사물들과 뛰어난 그림들 전체에서 유래하는 개별 소재들을 포괄한다. 그래서 정당하게 다음처럼 말할 수 있다. 이곳은 전시실 속 수집을 위해 추천될 만한 모든 것, 즉 정교하고 진기한 사물들, 완벽하지만 드문 보물과 값비싼 물건들, 구조물들, 그림들의 저장소이다. 그래서 사람들은 이들에 대한 빈번한 고찰과 만남을 통해 빠르고 쉽고, 확실하게 사물들에 대한 유일하고 새로운 지식과 놀랄 만한 지혜를 얻을 수 있다. […] 뮌헨. 아담베르크 인쇄소로부터. 1565년. 군주의 은혜와 특권으로." 이 책은 뮌헨 진기명품 보관소가 설립되던 시기(1563년과 1567년)와 동일한 시점에 간행되며, 크빅헤베르크 자신이 이 설립에 확실히 관여했다. 이 책은 다섯 장으로 이루어져 있고, 각 장은 매우 정확하게 이상적 수집의 대상, 그림, 책을 나열하고 정당화하며, 이들을 서로 연관 지으면서 "우주 전시실"(Universaltheater)을 기획하고 있다. 대상에는 무엇보다 인공물(인공 대상)과 자연물(자연 대상)이 속하며, 이들은 당시 진기명품 보관소의 두 가지 거대한 수집 영역이다. 크빅헤베르크는 이미 자신의 출판물 제목과 다양한 범주로 나눠진 책의 분명한 목차를 통해 기억술(Ars memoriae)을 끌어들이고 있다. 기억술의 고대적 전통은 수집과 정돈에서 커다란 역할을 수행했다. 수집 및 정돈을 위해서는 전문 지식, 상상 또는 일정 모델에 따라 이루어진 공간적 구조, 각 개별 "장소" 속 지식 및 대상들의 배치, 그리고 이들에 대한 표제가 중요했다. 이러한 배치는 전문적 내용을 더 쉽게 기억하게 해 주었고, 전체 세계의 기초적인 질서와 조화를 밝히고 재현하는 것으로 간주되었다. 세계의 질서, 거대 코스모스는 축소된 전시를 통해 미시 코스모스로 재현되어 진짜로 파악 가능하게 되었다 (Roth 2000, 37ff.).

이 책이 쓰인 시점에서 모범적인 수집 및 전시 형식은 진기명품 보관소(Kunst- und Wunderkammer)였다. 키워드로 매우 빈번히 사용되면서, 이 개념은 일정한 장소를 나타내게 되고, 여기에는 세계의 지식이 책, 대상, 그림 속에 모아져 전시되었다. 교회 보물실과 나란히 르네상스 기간에 성장한 군주의 수집물들은 신에 대한 찬가, 지배자의 지식 확대 및 정부 엘리트의 자기 재현에 봉사했다. 무엇보다 이 수집물들은 세계 속에서 인간의 중심적 위치를 가시화하고, 공간 내에서 고유의 축을 맴돌면서 인간에게 모든 사물의 인식을 제공할 수 있었다. 예술과 자연의 긴밀한 연관, 고대 조각과 기계의 긴밀한 연관은 신적인 창조력을 인간의 공예 기술과 통합한다. 예술사가인 호르스트 브레데캄프

(Horst Bredekamp)에 따르면 이 당시 수집가는 프로메테우스적 인물로서, 자연의 암호를 풀 수 있으면서도 동시에 자연물을 가공한다(Bredekamp 1993). 여기에 배치된 대상들은 금세공 작업과 자연 대상의 완벽한 협동이 보여 주는 것처럼 오늘날에는 더 이상 연관된 것으로 보지 않는 것들의 긴밀함을 보여 주고 있다. 종종 야자열매 또는 코뿔소의 뿔과 같은 이국적이고 매우 드문 자연 대상들이 금 또는 은가공의 최고 장인 기술을 통해 잔의 형태로 주조되거나 또는 대상들과 어울리는 보호 용기에 담겼다. 여기서 예술 대상과 자연 대상은 단순히 서로 연관되고 칭송되는 것이 아니라 유용한 기능까지도 가지게 되었다. 16세기 말 암브라스(Ambras)에 있던 진기명품 보관소의 자동 시계는 종 울림의 다양한 소리와 매 15분마다 정교하게 금이 입혀진 인형들의 움직임으로 사람들을 즐겁게 했다. 이 자동 기계가 자기 역할의 기술적인 정교함을 알리면서도 동시에 세계 전체의 역학을 재현하며 또한 지배자를 방문한 손님을 즐겁게 했다면, 값비싸게 포장된 우황은 놀라움을 자아냈다. 우황은 소와 기타 동물들로부터 덜 소화된 채 배출된 껍질로 된 덩어리 혹은 단단해진 응결물이다. 우황은 16세기에 수집되어 해독제로 사용되었기에—값비싸게 포장되었건 아니건 간에—의학적 의미도 지니고 있었다. 다양한 대상들이 한 공간 속에 나란히 놓이게 되면서, 이들의 서로 다른 의미 차원과 사용 차원이 특히 관찰자가 쉽게 비교하며 볼 수 있는 가시적인 근접성 속에서 서로 통합된다. 사람들은 그러한 시설들을 폐쇄된 공간으로 지각해야 했으며, 이 공간은 선반과 가구로 채워져 있어 처음 볼 때 압도하는 측면을 가지고 있었다. 반짝이면서, 눈에 띈 형태를 가지고 있지만, 한 번도 보지 못한, 그래서 좀 더 자세히 보면 따로 떨어뜨려 봐야 할 대상들이 함께 있는 것이다.

진기명품 보관소 개념은 이런 방식으로 해명되며, 여기에는 설명하기 힘들거나 적어도 한눈에 알아볼 수 없는, 무엇보다 일상적이지 않은 대상들이 수집, 전시되며, 그 과제는 호기심과 놀라움을 자아내는 것이었다. 학문사학자인 로랭 다스통(Lorraine Daston)은 호기심(curiositas)을 17세기의 초기 현대적인 탐구 태도에서 기초적인 앎의 욕구로 이해할 수 있다고 언급했다. 프랜시스 베이컨(Francis Bacon)으로부터 시작해서 연구해야 할 사실, 개별적이고 고립된 사실들은 이 당시에는 아직 개별적인 대상들에 불과했다(Daston 1994). 우리가 진기명품 보관소, 후대에는 호기심 수집소(Kuriositätenkabinette)라 불린 곳에 대한 초기 저술을 살펴보게 되면 이 공간은 만화경 무대라는 의미에서의 시각적 복사물이며, 이는 관찰자를 중심으로 하는 시점으로 펼쳐지게 된다. 1622년에 프란체스코 칼세올라리(Francesco Calceolari)의 박물관이 그러한 공간이었는데, 이 공간의 벽은 선반들로 채워졌고, 거기에 수많은 대상들이 놓였으며, 창문은 거의 볼 수 없었고, 천장조차 매달려 있는 자연 대상들로 풍부하게 갖춰져 있었다. 주의 깊은 관찰자에게는 불가사리, 잔, 산호 가지들, 조각, 새, 책들이 한눈에 들어 오게 된다. 여기서는 그러한 공간의 실제적인 설비를 보여 주는 것이 중요한 것이 아니라—이 설비는 매우 다양하다—오히려 그 공간의 프로그램을 보여 주는 것이 중요했다. 각 대상은 그 자체로 지식 및 인식 가능성에서 전체 세계를 담고 있으며, 무한하게 보이는 개수의 대상들이 한 장소에 정돈되어 나란히 놓여 있는데, 이러한 나란히 놓여 있음 속에는 물질적이고 전문적인 질서 체계가 바로 우주 및 통합을 재현한다. 그러한 장소는 세계의 지식을 포함했고, 의욕될 만한 백과사전이며, 자연 탐구의 실험실일 수 있었다. 이 장소는 사실상 세계라는 거대 코스모스 안에 있는 박물관이라는 미시 코스모스로 이해되었다(Grote 1994).

크빅헤베르크의 책, 그의 "전시실" 또는 "지혜의 전시실"은 그렇기 때문에 만화경 무대로서의 진기명품 보관소와 직접적인 관계에 놓여 있는 것처럼 보인다. 한 지점으로부터 완전히 바라볼 수 있는 공간, 모든 것이 저장되어 있는 그러한 공간은 세계를 재현할 수 있다. 크빅헤베르크는 바로 이러한 공간을 박물관이라 불렀다. 책의 마지막 부분에서 그는 중요한 수집물과 수집가("Exempla ad Lectorum")를 열거한 후 박물관의 기능과 과제를 다음처럼 정확하게 서술하고 있다. 사물을 "안전한 박물관 속에" 수집하고, 그것을 정돈, 분류하며, 그것을 세밀하게 보존, 확충하고 연구와 미래를 위해 모아 놓고, 이를 영원한 기억을 위해 완전한 목차에 적어 놓으며, 장식이 달린 공간 속에 들여놓는 것이다. 박물관의 미래 지향적인 저장소 기능과 보존 기능은 명백하다. 왜냐하면 대상의 고찰은 크빅헤베르크가 이미 자신의 책 제목에서 알리는 바와 같이 "사물들에 대한 유일하고 새로운 지식"을 알려 주며, 사람들은 이 사물들을 통해 "놀랄 만한 지혜에 도달"할 수 있기 때문이다 (Roth 2000, 37). 여기에 박물관 개념의 다양한 측면들이 분명해진다. 박물관은 놀라움과 배움의 장소이며, 이 장소에서 소유자 및 방문객은 자신의 지식을 확장시킬 기회를 발견한다. 이 장소는 닫혀져 있으며, 오로지 제한된 인물들에게만 개방된 공간이다. 박물관은 그 완전성과 조화 속에서 세계를 재현한다. 동시에 박물관은 새로운 것을 첨가할 준비가 되어 있다. 수집과 박물관은 크빅헤베르크와 그의 동시대인들에게는 분리될 수 없는 하나를 이룬다.

　우리가 진기명품 보관소를 기억 전시실이자 박물관, 실험실, 호기심 수집소로 고찰할 수 있다면, 17세기부터는 저장소 자체가 분화되어 전문적인 수집들이 이루어지며, 전체 세계의 재현이라는 생각은 세계의 부분에 대한 정확한 연구와 서술로 대체된다. 점점 더 많은 진기명품 보관소가 폐쇄되거나 사용되지 않은 채 옛 시절의 유물로만 남겨지게 된다. 많은 대상들이 저장소로부터 풍부한 연구를 위해 옮겨지고, 인간의 예술이 자연의 다양성과 가지는 근친성은 더 이상 중심적인 주제가 아니게 된다. 야자열매가 과거에는 그 형태로 금과 은의 기술적인 가공의 중심점을 이뤘다고 한다면, 발전하는 자연사 연구를 통해 열매 자체, 그것의 유래와 특정 식물군에 대한 소속, 그것의 설계 및 구조가 중요하게 된다. 우황은 자신의 신비적인 힘을 잃어버리고 이제는 치료하는 물체라기보다는 동물의 배설물로서만 관심의 대상이 된다.

　박물관 개념이 이제까지 전체 세계를 자체 내에 품고 있으면서 전시실, 수집, 저장소를 동시에 의미했다면, 이후의 시대에 나온 사전에는 이러한 의미가 남아 있긴 하지만, 건물과 수집 형태들이 개별적인 사례로서 등장하게 된다. 1739년 즈음의 쩨들러(Zedler)의 『일반 사전(Universallexicon)』은 예를 들어 옥스포드의 "애쉬몰 박물관"(Musem Ashmoleanum)을 서술하고 있다(Zedler 1739, Bd. 22, 1377f.). 이는 또한 19세기 초반의 크뤼니츠(Krünitz)의 『경제 백과사전』을 보면 명백해진다. 여기서는 "박물관" 항목에 대표적인 건물들이 그려져 있고, "수집" 항목에는 책, 어류, 색, 보석, 회화 등의 대상 영역들이 열거된다(Krünitz 1805, Bd. 98). 이제 모든 수집물이 반드시 박물관에 포함되지는 않는다. 자연물 저장소(Naturalienkabinett), 상품 저장소, 골동품 수집, 회화 갤러리는 르네상스의 진기명품 보관소를 허물어뜨린 장소의 몇몇 명칭들일 뿐이며, 이들은 이제부터는 지배적인 생각을, 즉 완전성과 철저한 질서를 보여 주고 있다. 수집 장소와 같은 개념들이 이제 분화되기 시작한다.

　크빅헤베르크도 이러한 생각을 거부하지는 않았을 것이다. 오히려 그 반대다. 하지만 질서와 완전성이라는 생각이 그에게는 우주적으로 고정된 세계 전체의 재현과 관계하는 반면, 17세기와 18세기의 완전성은 이와 달리 생활 세계로부터 분리되고 고립된 대상 영역과 그 부분을 목표로 한다. 우황이 이국적이고 매우 멀리 떨어진 세계의 대표물이자 치유력이 강한 물질로 각광을 받을 수 있었다면, 그 이후로는 그의 다양한 유래, 그 형태와 조합이 중요했다. 우황으로부터 여러 다양한 우황들이 생겨났고, 사람들은 이들을 더 나은 지식을 위해 서로 비교했다.

17세기부터 시작된 이러한 진기명품 보관소에 대한 생각의 변화에는 무엇보다 두 가지 이유가 있다. 첫 번째로 증가하는 대륙 간 교역을 통해, 그리고 지금까지 같은 대륙 내에서, 또는 대륙을 넘어 접근할 수 없었던 지역을 알게 됨으로써 점점 더 많은 대상들이 알려지게 된다. 이는 한편으로는 자연 대상, 다른 한편으로는 모든 세계에서 인간에 의해 만들어진 대상들에 해당된다. 수집물들은 더 명확하게 기능적으로 분류되고, 무역과 노동에 따른 연관에 따라 배열된다. 상품 저장소는 앞으로의 연구를 위해 특정한 사물의 샘플을 따로 모으게 되면서 놀라움과 호기심을 확실하게 충족시키게 된다. 하지만 무역항 도시에 있는 상품들의 특별한 존재 덕분에 무엇보다 특정한 자연 산물들 간의 질적 비교가 이루어질 수 있게 되었다. 그래서 사람들이 그것을 획득하거나 그 사용을 계획해서 새로운 무역의 가능성을 알아가기 전에, 먼저 이국땅의 물질 일반을 알아가게 될 가능성이 생겨나게 되었다. 두 번째로 전보다 더 많은 수집물들이 생겨났고, 이들의 지리학적 또는 사회적인 확대가 이루어졌다. 18세기에 성장한 산업 기업가, 관리인, 지식인, 성직자로 이루어진 '중간 계층'은 다소간의 경제적 부를 투자하면서 수집 및 대상들의 전시에 열중했다. 실천으로서의 수집이 확대되었고, 수집물들은 즐거움과 지식 확장, 자본 거치 및 자연과학적 연구를 위해 모아졌다. 이 물건들은 좋은 취미로 인징받는 소유에 대한 증거가 되었고, 사회적 도약 및 사회적 관계망에 도움을 줬다.

수집 행위의 전문적인 실천은 지침을 필요로 했다. 왜냐하면 수집이 일정한 가문 내에서 이미 이루어져 대상에 대한 지식이 어느 정도 존재했던 것이 아니라 오히려 수집물들이 먼저 마련되고, 이에 대한 새로운 사회적 의식이 집중되었기 때문이다. 이 때문에 수집 행위는 따로 지침을 필요로 했다. 그래서 수많은 저술들이 생겨나 개관을 제공하거나 지역의 잘 알려진 수집물에 대한 정보를 제공했다. 요한 다니엘 마요르(Johann Daniel Major)의 『진기명품 보관소에 대한 특이한 반성(Unvorgreiffliches Bedenken von Kunst- und Naturalienkammern insgemein)』(1674), 미하엘 베른하르트 발렌티니스(Michael Bernhard Valentinis)의 『박물관들의 박물관(Museum Museorum)』(1704) 또는 카스파 프리드리히 나이켈(Caspar Friedrich Neickel)의 『박물지(Museographia)』(1727)가 여기에 속한다. 그렇게 많은 변화들이 16세기 이래로 이루어졌지만, 수집을 서술하는 서적류에서 크빅헤베르크로부터 나이켈에 이르기까지의 여러 서적들의 내용은 비슷했다. 이들은 방문해서 봐야 할 수집물들을 가능한 모두 소개하려고 했지만—이런 종류의 기술 중 정점이자 최종점은 비록 미완성이지만 이미 네 권으로 이루어진 프리드리히 카를 고틀로프 히르슁(Friedrich Karl Gottlob Hirsching)의 『볼 만한 회화 및 동판화 수집에 대한 소식들(Nachrichten von sehenswürdigen Gemälde- und Kupferstichsammlungen)』(1786-1792)이다—이상적인 목록, 구체적인 명칭, 안내하는 지침들로 이루어진 이들 서적들의 구조는 하나의 지침으로서 모든 서적에 공통적이었다.

『박물지 또는 박물관 및 희귀물 저장소의 정확한 개념 및 유용한 건립을 위한 안내(Museographia oder Anleitung zum rechten Begriff und nützlicher Anlegung der Museorum oder Raritäten-Kammern)』는 1727년 라이프지히(Leipzig)와 브레스라우(Breslau)에서 카스파 프리드리

히 나이켈이란 이름 하에 출판되고, 후에는 브레스라우의 도시 의사인 요한 카놀트(Johann Kanold)가 보충하고 편집한 방대한 책이다. 이 책은 네 개의 서로 다른 중점을 둔 부분으로 이루어져 있으며, 각 부분에는 잘 보존되고 알려진 전체 수집소 및 특수한 범주, 도서관 등이 나열되어 있다. 나이켈은 여기서 무엇보다 다양한 수집 형식들의 개념을 서술하고 이를 완벽하게 해명하는 것에 중점을 두고 있다. 수집과 관련해 중요한 핵심어는 이미 책 제목에 적혀 있듯이 수집소의 "유용한 건립"이다. 건립이 유용하다는 점이 강조되어 있는데, 이는 다수의 중간 계층의 방문자와 관리자의 기대를 드러내고 있는 것이다. 나이켈이 보기에 수집은 신에 대한 일종의 예배이자 신적인 창조력 및 인간 인식능력의 표현이며, 수집소는 교육 및 무역, 예배와 교화 등의 유용성 없이는 결코 세울 수 없다. 나이켈의 책은 이미 언급된 분화를 증언하고 있다. 나이켈은 다양한 저장소 종류의 수많은 명칭들을 언급하면서 논의를 시작하며, 이를 통해 이들을 세심하게 구별한다. "그림들"(Neickel 1727, 4), 골동품, 화폐나 해부학적 대상 등 그는 모든 대상 그룹들을 세심하게 다루며, 이를 통해 결국 박물관의 정의에 이른다. 박물관은 준-사적인 장소이며, 특히 연구를 위해 존재한다. 여기에는 필연적으로 책과 "호기심 있는 자가 관심을 두는 자연 사물들 및 인공 사물들"이 (ebd., 6) 모아져 있다. 나이켈에 따르면 박물관은 일종의 상위 개념으로 기능하며, 박물관의 고유한 특수성은 화폐 및 이에 해당하는 기준이 되는 문서 등의 대상들이 계획적으로 배열되어 있다는 점에 놓여 있다. 이런 의미에서 탁자에 앉아 책을 읽고 있는 남자가 그려진 책의 속표지를 이해할 수 있다. 탁자 위에는 자연물들과 책 한 권, 펜 한 자루가 놓여 있다.

이러한 중심적인 배열이 한 공간 내에 놓여 있고, 이 공간은 공간의 전면에 있는 서랍으로 투시도적으로 쇄도한다. 긴 벽에 설치된 선반이 보이며, 선반의 왼쪽에는 책이, 오른쪽에는 자연물이 놓여 있다. 속표지의 관찰자에게 이 공간은 무대와 같이 가장 자리가 장식되어 있으며, 앞 공간을 제한하는 좁은 창살에는 작은 문이 달려 있다. 관찰자는 연구실, 즉 박물관을 들여다볼 수 있게 되어 있는데, 이 박물관은 책, 즉 대상에 대한 (넓혀야 할) 지식과 온갖 대상을 서로 마주 세우고 있다. 크빅헤베르크처럼 아직 박물관과 수집을 서로 나누고 있지는 않다. 나이켈의 『박물지』는 새로운 박물관 개념으로 가는 입구에 놓여 있다. 이 책은 새로운 개념을 이미 알리고 있지만, 아직 그것이 펼쳐져 있지는 못하다. 이 책은 전체적인 형식, 즉―간접적이긴 해도―'미시 코스모스 속에 담긴 거시 코스모스'라는 생각을 담은 건물의 마지막 예 가운데 하나이다. 하지만 이 책은 동시에 박물관의 새로운 이해를 위한 출발점이다. 왜냐하면 이 책은 내용에서나 도상학적으로 단순히 질서만이 아니라 대상들의 분류를 시도하고 있기 때문이다. 공간 속에서 책과 자연물을 분명하게 나누는 것은 전문적인 질서로 이어지며, 이 작업은 대상의 다양한 의미 차원 및 대상의 유사성에 의한 연상만을 따르는 것이 아니라 오히려 자연사적인 반성으로부터 대상에 대한 합리적인 분류를 세우려는 시도이다. 물론 이 책에서 박물관이란 대상의 규정은 도외시되고 있다. 이는 미셸 푸코(Michel Foucault)가 명명했듯이 재현의 시대에서 분류의 시대로의 느린 이행이다(Foucault 1974)[1]. 탁자 옆에 있

---

1 (역자주) 푸코는 『말과 사물』에서 각 시기마다 고유한 "인식론적 장"인 "에피스테메"가 존재한다고 주장한다. 이는 "한 시대의 모든 지식을 가능하게 해 주는 인식론적 근본 조건"이며, 각 시대의 에피스테메는 서로 불연속적이다(미셸 푸코, 『말과 사물』, 이규현 옮김, 민음사, 2012, 15쪽). 16세기 초중반부터 17세기 중반까지는 르네상스의 시대로서 유사성의 사유가 지배적이며, 17세기 중반부터 18세기 말까지는 고전주의의 시대로서 재현의 사유가, 18세기 말부터 현재까지는 근대의 시대로서 인간학적 사유가

는 남자는 책의 앞장을 장식하면서도 이미 책의 내용보다 한 걸음 더 내딛고 있다. 이 책은 아직 가능한 한 많은 저장소의 이름을 나열하고 있다. 하지만 속표지는 이미 더 이상 포괄적인 수집 형식이 존재하지 않는다는 점을 보여 준다. 무한하지만 언젠가는 포괄해야 할 지식의 저장소, 박물관, 채워야 할 보관소가 존재하며 이 보관소들은 동일한 구성을 통해 세계를 재현한다는 점이 이 시점까지는 유효했다. 하지만 패턴을 세우고, 자연물과 인공물이 분류되고 배열될 수 있는 구조를 세우는 것이 이제는 중요해졌다. 탁자에 앉아 있는 이 남자는 그가 전체 세계를 통합할 수 없으며, 세계 부분의 각 기능 방식을 그 구조와 특징에 따라 세워야 한다는 점을 명확하게 알고 있다. 그의 소원은 대상들을 가지고 재현하는 것이 아니라 이들을 통해 연구 대상의 계열을 세우는 것이며, 대상들에 대한 탐구는 그들의 기능 및 특징에 대한 해명을 줄 수 있을 것이다.

18세기에는 이미 언급된 나이켈의 목록에 지침을 제시하려는 다른 문헌들이 추가된다. 요한 게오르그 모이젤(Johann Georg Meusel)의 『독일과 스위스의 볼 만한 도서관, 예술, 화폐, 그리고 자연물 저장소 목록(*Verzeichnis sehenswürdiger Bibliotheken, Kunst-, Münz- und Naturalienkabinette in Deutschland und in der Schweiz*)』(1778) 또는 요한 다비트 쾰러(Johann David Köhler)의 『젊은 학자가 도서관, 화폐 저장소, 골동품 저장소, 회화 갤러리를 여행할 지혜를 위한 […] 유용한 안내서(*Anweisungen zur Reiseklugheit für junge Gelehrte um Biblio-*

___

지배적이다. 푸코에 따르면 르네상스 시대에는 모든 사물이 유사하다는 인식이 존재해 사물들을 분류하지 않고 한곳에 저장, 전시했다. 이에 반해 고전주의 시대에는 모든 사물들을 그 외적 특성에 따라 분류하여 저장, 전시하기 시작했다. 그래서 본문의 내용을 더 정확하게 표현한다면 유사성의 시대에서 분류의 시대로 이행했다고 봐야 한다.

theken, Münzkabinette, Antiquitätenzimmer, Bildergalerien [···] *mit Nutzen zu besehen)*』(1762)가 이에 해당한다. 이 책들은 분류의 분류를 시도하며 이제부터는 결코 한눈에 파악될 수 없을 만큼 많아진 회화, 자연물, 화폐, 모델, 고대 유물 수집물들의 지형도에 대한 지침서로 기능하게 된다. 수집, 소유자, 개방 시간에 대한 실용적인 정보, 중요한 지식이 이 출판물의 중심 내용이며, 이와 관련하여 수집물들의 목록 또는 카탈로그가 인쇄되어 있다. 하나의 개관을 제공하고, 개별 수집 대상들을 직접 본 것을 정확하게 기억하게 만든다. 이는 자연사적 고찰의 대상뿐 아니라 동일하게 예술과 예술사의 대상에도 해당한다. 나이켈이 언급한 "유용한 건립"은 이제는 수집 장소, 저장소, 갤러리와 수집이 교육 목적에 봉사할 수 있고, 그래서 "유용한 지식"이 퍼질 수 있다는 의식, 즉 모두에게 공동의 유용성을 위해 책 이외에도 가치 있는 계몽 수단을 서술한다는 의식으로까지 확장된다(te Heesen/Spary 2001). 계몽의 중심 생각, 즉 인간이 자기 활동을 통해 그리고 이성과 감관의 사용을 통해 동등하게 '전체적 인간', 스스로 성숙하는 인간이 될 수 있다는 생각은 특히 수집물들을 통해 실현되어야만 한다.

자연사가인 카를 폰 린네(Carl von Linné)가 1735년에 『자연 체계 (*Systema Naturae*)』를 썼을 때, 이미 분류적 정돈에 대한 기초가 놓인 것이며, 이는 비-위계질서적 정돈으로서 사물의—반드시 가시적인 것은 아닌—특징에 따라 이루어지며, 사물의 외적 유사성에 따라 이루어지지 않는다. 린네가 18세기에 고무적인 영향력을 미쳤고, 그의 체계적인 생각이 예술 영역과 자연 영역을 동시적으로 포괄하는 것처럼, 박물관에 대한 생각의 발전은 1780년대에 황제가 있던 빈에서 나타났다. 예술사가 데보라 마이예르스(Debora Meijers)는 합스부르크의 회화 갤러리와 황궁의 자연물 저장소에 새로운 질서를 부여하여 분류하려는 시도를 보여 주고 있다.

회화 갤러리는 스위스의 구리 세공사이자 예술품 거래상인 크리스티
안 폰 메헬(Christian von Mechel)에 의해 새롭게 정돈된다. 그의 정돈
방법은 학파와 연대기에 따르는 것인데, 즉 이탈리안 학파 또는 네덜란
드 학파에 따라, 그리고 초기 작품인지 후기 작품인지에 따라 분류하는
것이다. 베를린의 문필가이자 출판업자인 프리드리히 니콜라이(Fried-
rich Nicolai)는 1780년대 말 즈음에 이 갤러리를 보고 경탄했다. 그는
"작품들을 한 가지 방식으로 함께 놓는 것"을 선호했다. "그러면 각 작
품이 자신의 존재 속에서 작품 자체로 인식된다. 이는 혼합적 전시와
반대다. 혼합적 전시에서는 회화를 완전히 다른 종류의 회화와 함께 놓
음으로써, 회화에 그럴듯한 가치만을 부여하게 된다. […] 정신은 많은
종류의 대상들을 통해 산만하게 되기보다는 한 가지 종류의 대상들을
바라볼 때, 커다란 고요 속에 있게 된다." 그래서 니콜리아는 결론짓기
를 "그래서 우리가 다양한 종류의 비슷한 사물들을 고찰할 때, 대개는
우리가 비슷한 사물들을 단계적으로 최소의 미에서 최대의 미로 올라
가면서 고찰하게 될 때 교훈적인 고찰의 영역이 열리게 된다"(zit. n.
Meijers 1995, 80). 이를 통해 두 가지 중요한 점들이 언급되고 있다. 첫
번째로 이 시대의 저장소와 새로이 생겨난 박물관은 "한 가지 종류의
대상들을" 정돈하고 있다. 진기명품 보관소에서 함께 모아 세움으로써
서로 연상되는 새로운 영역들을 펼치는 혼재가 만족을 주는 것이 아니
라 분류적으로 정돈된 대상들이 이제는 기준이 되며, 시리즈를 형성하
게 된다. 두 번째로 이 시대는 사물들의 공간에 진입하게 된다. 사물들
은 항상 점점 더 완성되어 가는 미를 다양한 정도로 표현하고 있고, 이
들 각각이 발전사의 한 부분이다. 발전사의 시작은 희미한 과거 시대에
놓여 있으며, 아직 완결되지 않았다. 분류와 시간적 배치가 중요한 핵

심어이다. 이는 예술 작품이나 자연 사물 모두에 해당한다. 진기명품 보관소와 달리 이들은 이제 분리되어 전시되지만, 18세기에는 아직도 이들의 질서가 서로 연관되어 있다. 요한 카를 폰 베쩰(Johann Karl von Wezel)은 거의 동시대에 빈의 벨베데르 궁전에서 메헬이 배치한 예술 작품들의 질서에 대해 쓰고 있다. "네 가지 주요 부문들, 즉 이탈리아, 네덜란드, 고대 네덜란드와 독일 학파가 주요 네 가지이며, 각 가지는 자신의 특수한 곁가지들을 가지고 있다. 우리가 철학적으로 표현한다면, 이들은 네 가지 중요 그룹들이며, 자연학자가 광물, 식물, 동물을 나누는 것처럼 이들 각각은 몇몇 종류들로 분류된다. […] 우리는 또한 질서가 완전히 체계적임을 본다"(zit. n. ebd. 1995, 81). 이 예술 전문가는 예술의 질서에 대한 자신의 분류적 지식을 자연의 질서, 자연사에 적용하고 있다. 이에 대한 동기는 충분히 존재했다. 자연사 내부에서도 18세기에는 결정적인 질서 체계가 확립되었던 것이다.

빈에서는 자연사 또한 왕궁에서 일정한 역할을 수행했다. 왜냐하면 그곳의 광물 저장소는 폰 메헬이 새롭게 회화를 정돈하기 직전에 변경되었기 때문이다. 1778년에서 1780년까지 광산 전문가이자 광물학자인 이그나쯔 폰 보른(Ignaz von Born)이 광물을 새로 정리했다. "황궁 수집물의 새로운 분류는 […] 자연물 저장소에도 영향을 미쳤다. 보른은 그때까지 보물 저장소에 있던 몇몇 운석학자들을 자신의 저장소로 데려왔고, 이들의 지위가 돌 따위를 다루는 세속적인 위치에서 벗어나게 되었다"(ebd. 1995, 111/113). 이제는 더 이상 자연의 다양한 영역들 간의 연관을 보여 주는 것, 즉 "어떻게 전체 자연이 점점 더 펼쳐지는지"가 중요한 것이 아니라 체계적인 분류가 중요해졌다(ebd., 117). 새로운 질서는 화석을 "탁월함의 정도에 따라 분류하는" 대신 그 물질적 조합에 따라 체계 속에 포함하는 것이 특징이다. "즉 보석과 귀금속은

석회나 아연과 다른 취급을 받지 않게 된다." 여기서 "우리는 단계적으로 단순한 것에서 완전한 것으로 나아가기 위해" "자연이 걸어가는 길"을 보여 주는 것이 아니다. "[…] 달리 말하자면 자연의 계층 구조는 변화되었다"(Ebd., 118). 신학자 요한 자무엘 슈뢰터(Johann Samuel Schröter)가 18세기에 서술하고 있듯이 "저장소의 세기"(Kabinettseculum)에서는 예술 대상과 자연 대상이 반드시 서로 연상되는 우주론적으로 짜인 영역들로 분류되지 않는다. 예를 들어 진기명품 보관소에서는 연상적 영역들이 물질에 따라 분류된다. 니콜라이는 "한 가지 방식"을 회화의 분류에 적용했다. 대상들은 비교할 수 있도록 배치되면서 자신의 표현력을 얻게 되며, 이를 통해 계열이 형성되고, 이 계열이 세밀한 위계를 보여 주게 된다. 즉 니콜라이가 말한 "한 가지 방식"은 포괄적으로 이해될 수 있다.

대상들의 분류가 커다란 중요성을 획득한 순간, 신적인 창조자와 수집가는 뒷전에 놓이게 되고, 사물들은 인물이 아니라 질서를 통해 정당화된다. 이는 특히 전시의 조직화에 영향을 미친다. 왜냐하면 연관된 대상들을 위계적 체계 속에 위치시키게 되면 수집을 이끄는 학자와 역사가들이 더 이상 필요가 없게 되며, 대상들은 이제 인간과 분리되기 때문이다. 18세기에 이르기까지 저장실이나 저장소의 중심 인물들 중 하나는 관리자, 조사자 또는 쿠스토스였다. 그에게 공간의 개방이 맡겨졌고, 그는 공간을 관리하고, 사물들에 대한 역사를 설명했다. 저장소를 방문하는 것은 항상 개인의 지도에 따라 이루어졌다. 이 지도는 수집가 또는 관리자에 의해 이뤄졌다. 방문객에게 대상들을 설명하는 것은 세기말 즈음에는 방해로 여겨졌고, 특히 관리자는 자신의 텍스트를 암기해서 말하는 이로 여겨졌다. "관리자 선생은 잠된 만화경을 갖춘 사람으로서, 그는 자신의 이론을 단조롭게 암기하고, 종종 비천한 예술 감정을 일깨웠다"(zit. n. Savoy 2006, 22). 이 말은 1796년 어느 회화 갤러리 관리자에 대한 것이다. 여기서는 간접적으로 방해받지 않고 대상을 감상하고 싶다는 중심적 소망이 표현되고 있다. 분류 및 시간적 배치 이외에도 탈인간화가 들어서게 되며, 이는 수집가의 인격 및 그의 기억을 전시실에서 제거하고, 그 대신 한 공간을 세우게 된다. 이 공간 속에서 방문객은 이제 자기의식적인 관찰자로 바뀐다. 새로운 질서 또는 자율적인 관찰자, 박물관에 속하는 다양한 측면들의 변화된 지위는 박물관과 수집이 이제 분리되어 움직이고, 크빅헤베르크 시대처럼 하나가 아니라는 점을 말해 주고 있다. 계몽의 시대에는 박물관과 수집이 더 이상 가시적 연관 속에 있는 하나가 아니다.

박물관 건립

18세기 후반에는 일련의 새로운 대규모 박물관이 개관된다. 1759년 런던의 대영 박물관은 의회 결의를 통해 구입된 한스 슬론(Hans Sloane) 경의 수집물들을 기초로 설립되었다. 1779년에는 귀족 프리드리히 2세의 프리데리치아눔 박물관(Museum Fridericianum)이 카셀에 건립된다. 이 건물은 오로지 박물관을 위해 건립된 최초의 건물들 중 하나이다. 제도화된 박물관의 시작과 함께 예술과 자연의 문제가 동시에 논의되지만, 이와 관련한 완전한 분화는 아직 이루어지지 않았다. 물론 박물관의 발전은 예술 박물관과 자연 박물관의 병행 건립으로 나아가며, 이들은 서로 다른 관심과 재정 지원을 받으며, 엄격한 구별에 기초를 두게 된다. 브라운슈바이크에서 1754년에 건립된 인공물과 자연물 보관소(Kunst- und Naturalienkabinett) 또는 대영 박물관의 저장소에는 종종 두 영역의 대상들이 한 지붕 아래 통합적으로 전시되었지만, 이후의 건립에서는 더 이상 통합적으로 전시되지 않았다. (1793년 이후) 파리와 (1797년 이후) 베를린에서의 박물관에 대한 개념의 발전이 이를 보여 준다.

박물관에 대한 개념의 확립은 프랑스 혁명 이후의 박물관 건립과 연관된다. 이에 가장 걸맞는 건립 모토는 오랫동안 유지되어 왔는데, 그것은 바로 박물관의 개방이 대중을 위한 것이라는 점이다. 따라서 신분에 독립적이고, 고정된 개방 시간에 입장료를 지불하는 대중을 위한 것이며, 이는 파리에서 처음으로 표현될 수 있었다. 하지만 최근에 베네딕트 사보아(Bénédicte Savoy)와 다른 이가 설득력 있게 주장하는 바에 따르면 사실 그렇지 않았고, 독일 국가들의 예에서 알 수 있듯이 그러한 모토는 18세기에 이미 존재했으며, 공적인 박물관은 혁명 이후의 파리에서 진행된 왕의 수집물들과 획득된 문화재에 새로운 질서를 부여해 정돈하기 이전에 오래전부터 존재해 왔다(Savoy 2006). 그럼에도 파리 박물관의 독특한 점은 그의 민족 국가적 관리, 수집의 중앙집권화, 통제된 개방 시간이며, 이 시간에는 수집물들이 단순히 모든 시민들에게(적어도 수집물들이 존재하는 첫해부터) 개방되어 있을 뿐 아니라 이와 함께 민족 교육을 단호한 목표로 설정한다는 점이다. 개방만이 중요한 것이 아니라 접근 가능한 수집물들이 정치적 플랫폼으로 기능하는 동시에, 과거, 교회, 왕의 수집물들의 대상들이 함께 모아진 세속화된 장소로 기능한다는 점이 중요하다. 이러한 파격적이고 조건 없는 수집 덕분에 처음에는 예술 중앙 박물관(Musée central des arts), 나폴레옹 박물관(Musée Napoléon)으로 불리다가 그 후에 루브르 박물관(Musée du Louvre)으로 명명된 이 박물관은 방향을 선도하는 제도가 된다. 그래서 독일어권 소개에서 항상 반복적으로 이 박물관과 인접한 기관들이 언급되는 것은 놀랍지도 않다. 『경제 백과사전』의 "박물관" 항목에서는 완전함을 위해 박물관의 서로 다른 정의들이 열거되다가 이 항목의 처음에 있는 몇 줄 이후 바로 "파리의 나폴레옹 박물관" 설명이 시작된다(Krünitz 1805, Bd. 98, 450). 이 박물관의 항목에 해당하는 전체 76페이지 중 중심 부분이 루브르 박물관에 대해 할애되고, 그 이후 직접적으로는 "파리의 현재 국립 황제의 자연사 박물관"이 뒤따르며(ebd., 484), 마지막으로는 "파리의 산업 박물관"이 서술된다(ebd., 509). 이 열거는 파리와 파리에 새롭게 건립된 박물관들이 크뤼니츠가 보기에 선도적 위치를 차지하고 있으며, 이미 여기서 중앙집권에 대한 생각이 그의 서술에서 전면에 놓여 있다는 점을 보여 주고 있다. 루브르 박물관은 이제 "우리가 지구 위 어디에서도 유례가 없이 한 장소에 모아져 있는 고대와 현재의 많은 수의 예술 작품을 가지고 있다"(ebd., 451).

처음부터 수많은 예술 작품에 접근할 수 있도록 계획한 것은 아니었다. 귀족과 교회의 예술 소유가 박탈되었지만, 작품 소유의 출처에 상관없이 그것을 보존할 만한 가치가 있는지는 결코 명확하지가 않았다. 수많은 예술 작품과 기념비들이 파괴되거나 팔렸다. 궁극적으로 루브르 박물관은 원래는 왕궁이었지만 중앙 박물관으로 확장되었다. 혁명이 일어난 지 3년 후인 1792년 8월 10일에 왕의 수집물들이 국가 소유로 넘어가고, 1년 뒤 동일한 날짜에 왕궁이 "예술 중앙 박물관"(Musée central des arts)으로 공공에 넘겨졌다. 이 유품을 새로운 민족의 객관화된 역사로 바라보게 된 중심 개념이 바로 교훈(instruction)과 교육(Bildung)이었다. 예술 작품의 파괴는 권력정치적 증명을 의미했고, 작품들은 몰락한 신분의 상징으로 간주되었다. 이를 통해 "교육을 통한 보완적인 연속성 건립"이 가능해졌다(Ritter 2006, 26). 교육은 다시금 예술 작품의 역사적 가치 및 예술적 가치를 접근 가능케 하여 알리는 것이었고, 이 두 측면은 (새로운) 국가의 재현과 직접적인 연관을 가지고 있었다(vgl. Grasskamp 1981, 17ff.). 선행했던 파괴를 통해 "예술 의식이 강해졌고, 이제는 거대한 규모의 예술 탈취를 위한 동기가 되었으며"(Ritter 2006, 26), 이는 1800년 전후 유럽에서 나폴레옹의 전리품에 대한 대열을 형성했다. 먼저 건물은 프랑스 아카데미를 통해 이용되었다. 규칙적인 공개 모임과 일시적인 예술 전시가 여기서 이루어졌다. 이에 병행하여 프랑스 기념비를 위한 박물관이 세워진다. 결과적으로 박물관은 지속적으로 개조되고, 특히 이는 1794년에서 1812년까지 엄청난 속도로 들어온 예술 작품을 통해 이루어졌다. 예술 작품들은 벨기에, 독일, 이탈리아에서 나폴레옹의 전리품 대열과 그의 예술 직무인 도미니크 비방 드농(Dominique Vivant Denon)을 통해 마련되었다. 처음에 그림들은 루브르 박물관에 혼합되어 정리되었고, "그래서 방문객들은 비슷한 종류의 그림 그룹들 간에 비생산적인 비교를 강요당하기보다는 자신들에게 가장 마음에 드는 것을 스스로 발견하게끔 자극을 받았다. 1796년 이후 사람들은 이러한 혼합된 배열을 학파에 따른 배열로 바꾸게 되면서 교육적인 과정을 마련하게 되었다"(Meijers 1995, 162). 박물관은 즐겁게 하는 동시에 가르쳐야만 하고(Plaire et instruire)—요구가 그랬다—여기서는 역사적인 교육이 이루어지는 셈이었다. 이 교육은 그림이 계기적, 연대기적으로 배치되어 특히 혁명을 통해 달성한 현재가 정치발전의 최고 완성이라는 정치적 논증을 가르쳤고, 이를 공간적으로 실현했다.

1793년에 건립된 국립 자연사 박물관(Muséum National d'Histoire Naturelle)은 다시금 자연사 저장소, 식물 정원, 동물 등 세 가지 제도의 통합을 이룩했다. 식물학자인 장 바티스트 드 라마르크(Jean-Baptiste de Lamarck)는 1788년에 파리 왕립 정원의 쿠스토스였고, 1790년에는 제안서(Denkschrift)를 써서 왕립 자연사 저장소와 식물 정원을 자연사

국립 박물관으로 통합할 것을 제안했다. 1793년 6월 10일에 국민의회
는 국립 자연사 박물관을 건립하고 9개의 동등한 교수 자리를 마련하기
로 결정했다. 예술 박물관과는 달리 박물관의 수집 및 전시 활동을 연
구와 교육과 제도적으로 매우 긴밀하게 연결하였다. 여기서 예술 박물
관과 자연사 박물관 사이의 기초적인 차이 중 하나를 볼 수 있다. 예술
수집물들은 전통적으로는 아카데미와 결합해 있었고, 예술가의 교육적
도구로 쓰인 반면 이러한 생각은 파리에서, 그리고 앞으로 서술되겠지
만, 베를린에서 형성되고 있는 자유로운 감상을 위해 순차적으로 포기
되었다. 자크-루이 다비드(Jacques-Louis David)의 그림에 대한 시선
과 박제된 표본에 대한 시선은 늦어도 1800년경에 완전히 달라진다. 전
자는 그의 미적 질과 유일성을 통해 인간 정신을 고양시키는 반면, 후
자는 명상이 아니라 오직 열심히 파고드는 연구를 통해서만이 접근할
수 있었다.

　이 자연사 박물관은 유럽의 중앙 자연사 과학 시설로서 연구 공간을
제공하는 가운데 그곳에서 연구하는 교수와 쿠스토스를 통해 명성을
얻었다. 시설이 아무리 다를지라도, 박물관의 정치적인 기능은 두 경
우, 즉 자연사 박물관과 예술 박물관 모두에게 주어져 있었다. 국립 자
연사 박물관도 새로운 사회 개념을 위한, 애국적 지식의 확대를 위한
교육 및 문화시설로 사용되었다. 여기서는 농업 지식이 계몽적 의도에
서 전파되었고, 토양의 다양함과 아름다움의 재현이 보장되었다. "즉
자연사 박물관은 프랑스 미래의 완성된 상태가 모든 시민들에게 전시
될 수 있는 공간이었다"(Spary 2000, 221, 237).

　크뤼니츠는 자신의 『경제 백과사전』에서 자연 박물관과 예술 박물관
이 모두 정치적 의미를 지니고 있으며, 이 점에서 서로를 보충하고 있
다고 서술하면서 박물관의 기능을 규정하고 있다. 전면에는 "국립 박물

관"이란 명칭이 붙어 있고(Krünitz, 1805, Bd. 98, 494), 중앙 시설 형식인 이러한 박물관은 독일에는 없었다. "다음이 중요하다. 프랑스 혁명가와 나폴레옹은 독립적인 박물관 제도를 통해 예술 및 문화재에 접근할 수 있게 하면서 박물관을 국가 조직 및 행정 속에 편입시키고, 대상들을 질서 있게 전시했다. 또한 이들은 이 영역 내에서 박물관 기능에 대한 논의를 통해 시민적 공공성의 창출을 위한 가장 중요한 동력을 획득했을 뿐만 아니라 독일의 박물관 건립을 위한 모범을 제공했다"(Hochreiter 1994, 23).

박물지라는 장르는 이 시기에 막을 내린다.[2] 프랑스, 독일, 영국, 이탈리아에서 팽창하는 박물관 건립의 시기인 19세기 초반에는 무엇보다 라마르크나 빌헬름 폰 훔볼트(Wilhelm von Humboldt) 등이 여러 제안서들(Denkschriften)을 작성했는데, 여기서 이들은 새롭게 국가 행정가들에게 박물관에 대한 개념적인 기획을 제시하고 그것을 정당화했다. 파괴되거나 몰수된 교회 재산, 수도원의 해체, 19세기 팽창하는 세계 그리고 성장하는 역사적 의식을 통해 이전에는 사적인 것으로 간주된 수집물들이 이제는 "공적인" 것이 되고, 박물관 개념에서 두 가지 측면을 결합한다. 에일린 후퍼-그린힐(Eilean Hooper-Greenhill)은 두 측면으로 "예술의 엘리트 전당의 측면과 민주주의 교육을 위한 공리주의적 도구의 측면"을 꼽고 있다(Hooper-Greenhill 1989, 63). 박물관 학자에게 이 두 가지 측면은 모순적이다. 왜냐하면 예술의 전당은 무엇보다 전문가에게 열려 있기에 높은 장벽을 가지면서도, 동시에 국가의

---

2 박물지의 마지막 작품이 1837년 쩨어프스트(Zerbst)에서 간행된 구스타프 클렘(Gustav Klemm)의 『독일에서 학문과 예술 수집물의 역사(Geschichte der Sammlungen für Wissenschaft und Kunst in Deutschland)』로서, 이는 중세 이후 수집물 문헌에 대한 목록을 주석과 함께 제공하고 있다.

모든 시민의 교육자가 되어야 하기 때문이다. 박물관 건립 초기에는 더 많은 모순이 존재하는데, 수집물들을 "개방한다는 것"은 단순히 수집물들을 확장된 대중에게 보여 준다는 것뿐 아니라, 개인 수집가의 종말을 의미하기 때문이다. 요한 볼프강 폰 괴테(Johann Wolfgang von Goethe)는 「수집가와 그의 수집물들(Der Sammler und die Seinigen)」 (1788/89)에서 수집을 이를 소유하는 권력자 또는 시민의 관상으로 이해했다. 수집은 그의 선호와 성격 특성을 알려 줄 수 있다(Goethe 1997). 국가 기관 속에 있는 대상은 누구에게나 접근 가능해야 하며, 빌헬름 폰 훔볼트가 베를린에 대해 기술한 바와 같이, 수집물은 수집 완성을 위해 구입되고, 왕의 수집물과 함께 대규모 박물관을 형성하게 된다. 박물관은 탈인격적이 되어야 하고, 정돈 범주들은 추상적인 범주론이 되며, 예를 들어 회화의 역사 자체는 학파와 시대별로 배치되어야 한다. 이제부터 박물관은 예술, 자연, 기술 등의 역사가 전시되는 공간이다. 여기에 있는 대상들을 통해 한 개인 수집가의 관상이 드러나는 것이 아니라 국가의 관상이 드러나게 된다. 수집의 개념이 박물관 개념으로 바뀌게 되면서 처음부터 이 개념은 민족국가와 결합되고, 시대의 표상을, 그 정체성을 형성하게 된다. "박물관의 탄생은 일련의 새로운 지식의 탄생과 일치하며, 이들 지식의 탄생에 대한 첫 번째 제도적 조건을 제공했다. 이들 지식이란 지질학, 생물학, 고고학, 인류학, 역사, 미술사 등이다. 이들은 각각의 박물관의 발전에 맞춰 대상들을 진화적 순서대로 배치하고 (지구, 생명, 인간, 문명의 역사) 이 대상들은 상호 관련 속에서 점점 더 역사적인 과정을 보여 주는 사물과 사람의 총체적인 질서를 형성하게 되었다"(Bennett 1995, 96).

 박물관 및 그의 개념적 이념들이 가지는 새로운 측면들은 베를린 예술 박물관의 탄생에서 분명하게 드러난다. 이러한 박물관에 대한 논의는 왕의 진기명품 저장소를 개혁하고, 미래의 박물관을 계획할 때 예술사와 자연사의 통일을 그대로 두려고 생각했던 1790년대에 이미 이루어진다. 하지만 시간이 조금 지난 뒤에는 예술 박물관이야말로 진짜 박물관이라는 생각이 관철된다. 1797년에 이르러 박물관은 무엇보다 베를린에 있던 예술 아카데미 학생들의 교육을 위한 장소로 계획된다. 첫 번째 목표는 왕의 흩어진 수집물들 (예를 들어 베를린성과 상수시성의 수집물들)을 한데 모아 이를 아카데미 개혁과 연계하면서 동시에 수공업 증진을 위한 목적으로 전시하는 것이다. 빌헬름 폰 훔볼트는 당시 프로이센 국가의 공적 교육 부문의 지도자로서 1809년에 수집물 일반에 대해 다음과 같이 이야기한다. "베를린의 일반 고등교육 시설에 대한 첫 번째 생각은" 아카데미, 커다란 도서관 이외에도 수많은 수집물들이 존재하고 있다는 관찰로부터 "생겨났다". "참된 학문적 교육을 위해서는 학과들을 분리하는 것이 해롭다는 점, 수집물들과 기관들이 […] 온전한 학문적인 수업과 연계되어 있을 때에만 비로소 쓸모 있게 된다는 점, 마지막으로 일반 기관으로 만들기 위해 부족한 점을 채우려면 오로지 한 걸음만 더 내딛을 필요가 있다는 점을 사람들은 느꼈다"(Humboldt 1903, Bd. 10, 150). 대학 또는 아카데미 때문에 수집물은 먼저 교육기관이란 테두리 속에 있게 된다. 또한 1810년 4월 24일 왕의 회화 수집물을 위한 박물관 건립에 대해 훔볼트는 갤러리가 대학 건물과 연결되어 있어야 한다는 입장을 취한다(Humboldt 1903b, Bd. 10, 243). 1810년의 동물 박물관 건립, 그리고 1814년의 개방이 대학이란 문맥 속에서 이루어졌다면, 이어지는 시기에 계획된 예술 박물관은 카를 프리드리히 슁켈(Karl Friedrich Schinkel)의 노력으로 교육 시설에서 분리되어, 소위 구(舊) 박물관(Altes Museum)으로 1822년부터 계획되고 마침내 1824년과 1830년에 걸쳐 건립된다. 건물의 건축양식과 구(舊) 성에 마주하는 위치 때문에 이 박물관은 정치권력의 중심에 서 있게 된다. 내부의 원형 홀, 옥외 계단, 원주 양식 등의 요소들은 장소를 신성하게 만들며, 그로 인해 구(舊) 박물관은 19세기와 20세기 박물관 건축의 모범으로 기능하게 된다. "'신성한 장소'인 박물관은 여기서부터 자신의 시초를 가지게 되었다"(vgl. Hochreiter 1994, 37).

개관 이전에 왕은 예술 작품의 선택 및 쉥켈 건축물의 장식을 위한 위원회를 구성했고, 이는 빌헬름 폰 훔볼트가 이끌었다. 훔볼트는 1830년 8월 21일부터, 말하자면 박물관이 개관된 이후, 왕에게 수많은 보고서를 올렸는데, 여기서 그는 박물관의 기능, 박물관의 배치 및 양식을 이야기한다. 이 보고서들은 공개된 박물관학적 문서들이 아님에도 불구하고 전체적으로 예술 박물관에 대한 건립 문건이다. 그의 예술 박물관의 구성과 건축은 기준이 되어 독일어권 국가들과 후의 독일 제국의 박물관들이 나아가야 할 방향을 규정하고 있다. 그의 보고서에는 무엇보다 "박물관"과 "갤러리" 개념이 서로 교환 가능한 것으로 사용되고 있고, 한 부분에서는 "완전히 새로운 박물관"이 언급되고 있다(Humboldt 1904, Bd. 7.3, 543). 전통에 없는 새로운 종류의 제도를 창조한다는 의식이 여기서 분명하다. 이 제도는 왕의 수집물로부터 형성되며, 목표로 삼고 있는 작품 구입을 통해 완성되어야 한다. 훔볼트는 자신의 보고서에서 예술 발전의 각 개별 시대와 학파가 서로 일치되도록 재현해야 한다고 강조했다. "국가에 의해 만들어진 수집물은 당연히 커다란 사적 수집물의 구입을 통해서만 일정 정도의 완전함을 얻을 수 있으며, 이 완전함으로부터 사람들은 개별 구입을 통해 더 앞으로 나아갈 수 있다"(Ebd., 565). 왕의 수집물은 상위에 있는 국가의 관심 속에서 "민족"이라는 추상적인 공동 존재를 위해 모인다. 훔볼트는 1833년에 요약하기를 "박물관의 목적은 분명히 예술의 증진, 예술 취미의 확대, 예술 향유의 보증이다. 예술과 관련해 사람들은 먼저, 그리고 무엇보다 모든 학파와 시대의 고대 조각과 회화를 생각해야만 한다"(Ebd., 573). 그의 논증의 중심은 바로 수집물에 회화, (그리스와 로마 고대의) 고대 그림들, 용기(容器)와 작은 예술 대상들, 스케치, 동판화가 속할 수 있다는 점이다. 그래서 훔볼트와 그 위원회는 특정한 규준을 마련하는데, 이는 이집트적 고대 또는 민속학적 대상들을 배제한다. "회화 갤러리와 고대 갤러리는 예술적 관련이 지배적인 한편, 사용되고 향유되기 위해 원본 대상의 직관이 필요한 그러한 수집물이다"(Ebd., 574). "모조품"은 들어올 수 없으며, 오직 명작만을 선별적으로 수용해야 한다. 갤러리는 화가와 "모방자"에게 제한 없이 열려 있어서는 안 되며, 오로지 방문객의 향유에 방해를 끼치지 않는 제한된 범위 내에서만 그의 입장을 허락해야 한다. 그의 작업을 위해 회화가 걸리거나 일시적으로 떼어져서도 안 된다. 이 시설은—텍스트 전반의 취지에 따르면—"예술 일반과 취미 교육"을 위해 설립되었으며(ebd., 575/76) 국가의 보호 아래 놓인다.

구 박물관은 훔볼트의 노력 일면에서 보자면 예술에 관심을 가진 대중을 위한 제도로 건립되었다. 이 대중은 상승 의지를 지닌 시민으로, 시민은 그러한 공간에서 "교양을 쌓는 국가 시민"으로 거닐며, 예술 작품을 고찰하면서 명상적인 숭배에 빠져들게 된다. "예술의 전시 방식은 공적이지만 동시에 예술의 체험은 사적인 것이 되었다"(Sheehan 1994, 858). 박물관은 "예외 상태로서, 노동에 의해 규정된 일상의 명백한 반대로 이해되어야만 한다"(Grasskamp 1981, 39). '사적이냐 공적이냐'와 같은 변화되고 역설적으로 들리는 대립 이외에도 두 번째 긴장점이 들어서게 되는데, 이는 이미 혁명 박물관의 건립 특징에서도 나타난 것이다. 즉 박물관은 교육 시설이면서 연구 시설이라는 동시적 기능을 가진다. 이것이 처음에는 예술 박물관과 자연 박물관 사이의 차이와 관계

했지만, 이 긴장은 이후 세기에는 새로운 모든 박물관, 그 조직과 방향성에 해당하게 되었다. 연구와 교육을 결합하는 대학의 과제와 유사하게 박물관의 과제는 교육과 학문으로 발전했고, 이 둘은 반드시 통합 가능한 기능이 아니다. 자연물 저장소와 박물관에서 이 문제가 이미 18세기 말 공적인 전시와 공적이지 않은 보관소 간의 엄격한 구분을 통해 불거졌다. 이 보관소는 오로지 소유자, 관리인 및 선발된 전문가나 학자만이 들어갈 수 있었다. 훔볼트와 성켈이 제안한 박물관 개념에는 이 분리가 간접적으로만 들어 있었다. 이 이념에 따라 작품은 보관소에 그대로 두고, 원래의 "장소"에는 연구를 위해 모조 조각품이 세워지고, 전문가나 예술 애호가, 학자와 시민은 동일한 공간에서 원본 명작을 만나게 되었다. 구 미술관에는 그림 앞에서 축제와 같은 예배의 시작이, 예술 작품의 고독한 향유가, 고급 예술에 대한 집중이 이루어져야만 한다. "이제부터 예술 향유를 통해 정화된 박물관 방문객은 자신을 국가와 동일시해야 했다. […] 전제 국가는 문화국가로 변형되어야 한다. […] 정치적 사건에 대한 참여 없는 무관심한 태도는 교양 있는 국가 시민의 의식적인 충성 및 능동적 참여에 배치되는 것이다"(Hochreiter 1994, 33).

1800년경 프랑스 박물관들과 베를린 박물관과 함께 본격적인 박물관 건립 시기가 시작된다. 19세기는 건립 운동의 세기이며, 무엇보다 먼저 예술 박물관, 그리고는 역사, 문화사, 기술 박물관이 건립되었다. 이는 대규모 박물관 건립의 세기이다. 파리에는 1790년대, 그리고 크뤼니츠가 올바르게 기술한 바와 같이 박물관 대상의 세 요소인 예술, 자연, 기술에 대한 문화사, 즉 역사 박물관이 추가된다. 뉘른베르크의 게르만 민족 박물관(1852), 스톡홀름의 노르디스카 박물관(Nordiska, 1873) 또는 수많은 주립 박물관의 건립(Stuttgart 1862)이 여기서 유래한다.

다음 장에서는 박물관, 즉 역사, 자연, 예술, 기술 박물관이 민족국가 형성에 기여한다는 점, 그리고 이 기여 속에서 민족의 문화 공동체로서의 자기 이해가 중심을 차지하고 있다는 점이 논의될 것이다. 전승과 대상을 통해 이러한 문화 공동체의 특징을 정의하며 이를 눈앞에 보여 주는 것이 특별한 목표였다. 여기서는 역사가 크르쥐스토프 포미안이 기술하듯이 두 가지 접근 방식이 지배적이었다. 한편으로 박물관은 민족이 인류 보편에, 즉 "모든 인간들, 또는 적어도 문명화된 모든 인간들에게 타당한 것"에 참여하고 있다는 점을 보여 준다. 다른 한편으로 박물관은 민족에게만 해당하는 특수한 것을 소개할 수 있다(Pomian 1992, 25). 첫 번째 입장이 로마, 그리스 또는 이집트 고대와의 역사적 연관을 찾는다고 한다면, 두 번째 입장은 지역적, 민속학적 고대, 즉 토스카나의 에트루스키, 스페인의 켈트, 독일의 게르만과 연관된다. 예술 박물관이 첫 번째 길을 따른다면, 역사 박물관은 지역적 특수성을 보여 준다. 18, 19세기에 형성된 민족국가들은 영토에 맞는 정체성에 기반을 뒀다. 박물관의 기능을 요약하자면, 이는 교육 시설이자 명작들의 장소이며, 정체성과 민족을 설립하며, 과거의 증언과 원천을 보존한다.

산업화가 기초적인 기술에 대한 새로운 감수성을 가져온 것과 마찬가지로 19세기 유럽국가들의 식민주의적 확장은 민속 박물관을 가져왔고, 그 결과 군대 박물관, 우편 박물관, 과학과 공예 박물관들이 생겨났다. 이들 모두에게 공통적인 것은 역사의 틀 내에서의 방향 및 의미 부여이다. 야콥 부르크하르트(Jacob Burckhardt)는 이미 1840년대에 역사주의를 초기 근대의 변화된 시대 체험에 대한 반작용이라고 보고 있는데, 왜냐하면 유럽 민족들에게는 "역사적 지반이라 부르는" 것이 "이전 세기말에 국가, 교회, 예술, 삶 속에서 일어난 철저한 부정"을 통해 "상실되었기" 때문이다. 엄청난 변화는 부르크하르트에 따르면 반작용,

즉 역사에 대한 새로운 방식의 반성을 필요로 했다(Burckhardt 1949, 201). 박물관만을 보충적인 노력이자 역사주의의 결과라 하는 것은 적절하지 않다. 하지만 지나간 과거와 급작스런 사회적, 기술적 발전 간의 긴장 영역에 박물관이 서 있다는 것은 확실하다. 이 모순은 무엇보다 그 박물관의 내용에 해당된다. 예술 박물관과 역사 박물관이 특히 대상의 전시를 통해 역사적인 발전을 보여 주는 반면, 기술 박물관과 자연사 박물관은 이러한 측면도 보여 주긴 하지만 최신의 기술적 발전이나 탐험에 의한 발견을 통해 더 나은 직접적인 현재가 탄생했음을 강조한다.

첫 번째 자료 수집의 시도들이 스스로 접두사 "세계"란 표현을 붙이면서 가능한 한 모든 세계의 측면들을 포괄하려고 하기 오래전부터 박물관은, 그것이 예술 박물관이든, 자연 박물관이든, 빈틈 없음의 이념을 지니고 있었다. 뉘른베르크의 새로운 독일 민족 박물관은 이에 대한 직관적인 예시이다. 1884년 박물관을 위한 아우구스트 오트마르 폰 에센바인(August Ottmar von Essenwein)의 제안서에는 "보편 시설"(Universalanstalt)이 언급되고 있는데, 이 시설에는 체계적인 수집물들이 학문적인 통일을 형성하고 있고, 연구를 위한 필수적인 자료들이 갖춰져 있다. 이러한 19세기 박물관 담론에는 전형적인 "위태로운 자료들의 구원"(ebd., 17)이 담겨 있는데, 이는 작성자에게는 특수한 의미를 가진다. 그의 박물관은 무엇보다 일상적 문화를 대상으로 했지만, 그는 종종 특정 역사적 시기에 속하는 수집물을 발견할 수 없거나 구할 수 없다는 것을 알고 있었다. 이러한 박물관에게는 보관소 기능이 있다. 추구되는 수집의 빈틈 없음은 전시 공간 속에서 보여 주는 "전체적 그림"에 상응하게 된다. 18세기처럼 사람들은 아직도 모든 대상을 수집해 놓으면 그로부터 어떤 것이─스스로─발생할 것이라는 희망을 품고 있지만 그러한 수집 과정과 전시 과정의 시작과 끝이 어디인가의 문제에서는 당혹감을 드러내고 있다. 에센바인은 "수집은 점점 더 세분화된 영역에서 늘어나 동종적인 것을 함께 세우는 시도가 생겨났다. 이로부터 전체적인 계열이 형성되어 시간적인 발전 과정은 아니라 하더라도 적어도 각 계열의 전체 형식군이 조망될 수 있다"(Ebd., 19)라고 서술한다.

독일 민족 박물관은 문화사적인 민속 박물관으로서 좀 더 넓은 영역을 다룬다. 일찍이 예술의 명작들 또는 추상적 질서를 재현하는 자연 대상물들이 있었다면, 이제는 지배 관계와 경제 관계를 재현하는 대상들이 추가되고, 농촌의 기구 또는 중세 설비 대상들이 다른 민족과 토속 문화의 문명 단계에 대한 상대적 증거로 배치된다. 에센바인은 이러한 대상들을 이미 인용한 제안서에서 "기념물"이라 칭하고 있다. "장롱과 상자, 그리고 그 안에 포함된 모든 것이 기념물이다. 덮인 식탁 위에 있는 것, 부엌 및 창고에 있는 기구들은 기념물이며, 아이들의 장난감도 그렇다"(ebd., 48). 세기 초에 건립된, 중세 원전 텍스트의 수집인 『게르만의 기념물들(*Monumenta Germaniae*)』에서처럼 옛날 문헌과 서류뿐만 아니라 또한 인간의 다양한 삶의 영역에서 사용된 단순한 도구들도 기념물로 간주되었다. 사물들은 이제 "있는 바대로" 증거와 사실적 증명이 된다. 이로부터 두 가지로 구별되는 대상 이해가 생겨난다. 처음에 인용된 예술사가 슈테펜 반은 나란히 놓인 두 개의 전시 방식에 대해 이야기한다. 하나는 대상을 사례로 간주하는 선형적이고 연대기적인 발전 전시이며, 다른 하나는 대상을 유물이자 증거로 간주하는 관객 공감 모델(atmosphärischen Bildern)이다. 반은 이 두 가지 전시 방식이 첫 번째로 파리의 프랑스 기념물 박물관과 클뤼니 박물관에 실현된 것으로 보고 있다(Bann 1978). 계열 속 배치와 관객 공감 모델속 배치는 20세기까지 이어진 전시 준칙이다. 에센바인은 이 준칙을 적절한 단어로 표현한다. "첫 번째 고찰 방식은 어떻게 동일한 류의 기념물들이 시간의 흐름을 거쳐 변화해 왔는지를 탐구하고, 두 번째 고찰 방식은 각 시대의 전체 기념물들이 어떠한 유사성을 가지는지를 탐구한다. 목적에 따라 첫 번째 고찰 방식 또는 두 번째 고찰 방식이 선택된다"(Essenwein 1884, 19). 이후의 자연 박물관을 보면, 여기서도 동일한 전시 원칙들을 확인할 수 있다. 한편으로 여기서 분류된 수집물들은 계열에 맞게 배치되거나 나무와 유사한 가지치기를 통해 유래를 3차원적으로 확인할 수 있는 유리 진열장에 놓이게 된다. 다른 한편으로 1900년 즈음에 오늘날 "입체 모형"(Diorama)이란 개념으로 유리 진열장 안에 한 장면을 보여 주는 전시 방식이 생겨났고, 그래서 다양한 종류의 동물 표본들이 한 그룹으로 모이고, 실물 같은 배경에 서로 비교적 자연스런 위치에 놓여 동물과 식물의 생태학적 공동체로 표현된다(Wonders 1993). 문화사를 지향하는 박물관에는 조감도나 전시실이 있고, 자연사 박물관에는 입체 모형이 있다. 예술 박물관에는 그에 해당하는 것이 소위 "시대별 전시 공간"(period rooms)이며, 예술사가인 빌헬름 폰 보데(Wilhelm von Bode)는 이 방에 회화, 조각, 시대에 전형적인 벽지, 카페트, 가구를 함께 배치했다. "보티첼리, 프라 필리포스, 도나텔로, 데시데리오 등의 작품들을 위해 우리는 14세기의 피렌체 방을 하나의 패턴으로 만들 것이며, 그 시대의 몇몇 최고의 가구, 벽지, 카페트로 이 공간에 생명을 불어넣을 것이다"(Bode 1891, 512). 이 모든 기획들에 공통적인 것은 이들이 방문객에게 예술 작품, 기구, 또는 이제부터 표본으로 박제된 동물들의 장면을 이들의 원천적인 문맥과 그 연관 속에서 전달하려 한다는 점이다. 대상들을 대략적인 시대와 문맥에 맞는 실제적 환경 공간 속에서 전시하려는 시도는 바로 이전 19세기 동안 박물관의 대상들을 탈문맥화했다는 인식을 드러내고 있다. 말하자면 이들 대상들은 단순히 동떨어진 고립이나 체계적인 전시를 통해서는 설명될 수 없고 더 많은 정보를 필요로 한다.

19세기 초반 박물관들은 많은 대상들을 백과사전식으로 보여 주려고 시도했다. 루브르 박물관과 훔볼트가 가능한 넓게 전시할 것을 주장한 것을 보면 이를 알 수 있다. 그러면서 전시 공간과 보관 장소가 구별되고, 애호가와 학자, 평범한 이와 관심을 가지는 방문객 사이의 구별이 이루어지게 된다. 이는 단순히 예술 박물관뿐 아니라 자연사 박물관에도 해당한다. 이는 런던 자연사 박물관의 건립 노력들의 예에서도 나타난다. 찰스 다윈(Charles Darwin)과 토마스 헨리 헉슬리(Thomas Henry Huxley)와 같은 진화론자들이 박물관을 탐구를 위한 연구 및 보관 공간과 관심을 가진 일반인을 위한 전시 공간으로 나누자고 격렬하게 주장했던 반면 리차드 오언(Richard Owen)과 같은 자연신학적 노선의 반대자들은 신의 피조물이 박물관 공간 속에서도 통일되게 재현되어야 하며, 모든 표본들은 서로 연결된 통일된 공간 속에 전시되어야 한다고 주장했다(Yanni 1996).

자연 수집물들은 전에는 대영 박물관에 있었고, 여기서 부분들로 나뉘어 전시되었다. 반대자들은 전시와 보관을 위한 새로운 장소가 있어야 하는 것에 동의했다. 하지만 새로운 건축물이 어떻게 지어져야 하는지에 대해서는 동의가 없었는데, 왜냐하면 이들이 서로 다른 학문관을 가지고 있었기 때문이다. 오언은 자연사 박물관을 신에 의해 창조된 자연과 제국적 거대 권력인 영국의 재현 장소로 이해했다. 이 거대 권력은 단순히 민족적 자연 보물뿐 아니라 외국의 동물과 식물 또한 보여 줘야 했다. 이에 반해 헉슬리는 박물관 건물 안에는 작은 교육적 전시 공간이 있고, 여기서 폭넓은 공중에게 자연사를 가르치는 반면, 공중이 접근할 수 없는 커다란 부분의 연구 시설이 따로 유지되어야 한다고 생각했다. 박물관은 마침내 두 가지 의견의 절충 형태로 1881년에 개관되었다. 건축은 장식적 꾸밈과 같은 구조에서는 교회의 특징을 지녔고, 커다란 대중을 위해 설계되었다. 반면 전시 공간과 보관 공간은 동시에 명확하게 분리되었다. 특히 학자들은 건축의 신성한 분위기가 현대적인 학문관과 일치하지 않는다고 항의했다. 설계와 건축 기간만 20년이 넘는 거대하고 스펙타클한 박물관의 형태를 둘러싼 논쟁은 항상 변화하면서 전문화되는 연구가 항상 반복적인 새로운 요구를 통해 건축의 영속성 및 형태와 투쟁했는지를 보여 준다. 논쟁은 특히나 박물관 공간의 구분에서 첨예화된다. 이 구분은 19세기 중반 런던에서 뜨겁게 논의되어 세기말에는 모든 대규모 자연사 박물관의 표준으로 발전하게 된다(Köstering 2003, Kretschmann 2006). 런던 자연사 박물관에 대한 논의를 통해 19세기의 수많은 박물관 기획을 점점 더 지배하게 된 측면이 분명해진다. 사회의 역동화 및 확장되는 산업화는 새로운 박물관(우편 박물관, 기술 박물관 등)을 생겨나게 하지만, 이는 박물관 건물 및 그 개념의 지속적인 변화 과정과 그것의 영속성 간의 근본적인 갈등을 결코 해결할 수 없었다. 이는 특별히 명상 및 직관의 장소로 생각되던 박물관에도 해당되었다.

런던 자연사 박물관 사례는 19세기 박물관—예술 박물관, 문화사 박물관, 기술 박물관, 자연사 박물관—에 대해 동일하게 논의되는 폭넓은 관점을 보여 준다. 박물관은 연구의 장소이다. 하지만 어떤 연구의 장소인가? 박물관은 이미 얻은 지식의 선포자 또는 대중화 선도자에 불과하기에 분명히 제한된 정보 전달의 위치에 있는가? 아니면 박물관이란 전시 활동과 연구 활동 간의 상호적 도움을 통해 예술사, 문화사, 해당되는 자연과학의 영역들(생물학, 광물학, 지질학 등)에 관한 연구를 앞으로 이끄는 시설인가?

우리가 19세기 동안 베를린, 프랑크푸르트, 본, 함부르크, 칼스루에에서 발전한 독일 국가들과 후기 독일 제국의 좀 더 커다란 자연사 박물관을 개관하게 된다면, 이들이 서로 다른 모토로부터 생겨났다는 것을 금세 알아챌 것이다. 한편으로 박물관들은 왕의 진기명품 저장소에서 유래하며, 일정 기간 보존되다가 적절한 재정적 자원으로 수집되었다. 다른 한편으로 18세기 후반 이후부터는 시민의 자연사 단체들이 수집물들을 모았고, 이들 활동으로부터 19세기 초반에 자연사 박물관이 생겨났다. 독일의 박물관들은 훔볼트의 연구 대학의 부설기관이 되고 사실상의 교육 기능을 담당하게 되면서 학문적인 제도로 자리매김했다. 모든 경우에 연구는 교양 및 교육과 긴밀하게 연결되어 있었고, 단체 설립에서도 수집 및 연구라는 참여 동기가 전면에 놓여 있었다. 학문 시설에서는 대중을 위한 개방 시간이 정해져 있었지만 박물관은 무엇보다 이론과 연구를 위한 것이었고, 특히 파리의 국립 자연사 박물관의 개념을 따르고 있었다. 박물관의 활동이 항상—오늘날까지—수집, 분류, 연구, 전시로 규정되어 있다 해도 19세기 동안 박물관은 엄청난 변화를 겪는다. 이제 자연과학에서 전문화가 이루어지면서 연구는 오로지 실험실과 실험을 통해 이루어지는 것으로 간주했다. 따라서 자연사 박물관은 자신을 새롭게 정당화해야만 했다. 왜냐하면 박물관은 실험 생리학의 발전을 위한 장소가 아니며, 새로운 자연과학은 저장소를 연구 장소라기보다는 나방 부화 장소로 간주했기 때문이다. 박물관들은 이에 대처하려고 노력했다. 개별 동물, 식물, 광물의 규정을 거대한 포괄적인 전문용어집 내에서 서술하는 분류적 체계를 우선시함으로써 이제 자연을 생물학의 법칙에 따라 작동하는 것으로 이해했고, 생물학에서는 동물들의 생활 방식, 그들의 계통사적 발전, 환경과의 상호작용이 중요해졌다. 분류해서 계열로 배치하는 옛 전시 방식, 즉 서로 다른 종류의 조류 종류들(이들은 부분적으로는 최소한으로만 인식 가능한 차이들을 지녔다)로 넘쳐 나게 채워진 유리 진열관은 이제 원래 생활환경에 가깝게 형상화된 동물 그룹들과 그 환경과의 연관 표현, 즉 소위 말하는 입체 모형으로 바뀌게 되었다. 이 입체 모형은 함부르크 알토나 박물관 관장이던 오토 레만(Otto Lehmann)이 1901년부터 추진했던 박물관 개혁 노력의 일환으로 추진됐다. 그가 진행한 "순록 영역에서의 늑대의 투쟁"이라는 연출의 목적은 "동물들을 단순히 그 자체로 환경과 떨어뜨려 개별 존재로 보여 주는 것이 아니라, 이들을 생활환경 속에서, 생명 가득한 그룹 속에서 보여 주는 것이며, 그래서 박물관에서 동물과 그의 생활 방식에 대한 직접적인 인상을 얻게끔 하는 것이다"(zit. n. Kretschmann 2006, 84).

세기말에는 자연사 박물관의 전시 방식도 변화되었다. "고정적인" 대상이 아니라 살아 있는 연출, 실제 생활환경과의 유사함이 방문객들의 주의를 끌었다. 이것이 박물관에 의미하는 바는 박물관 개혁에 관한 장에서 자세히 서술될 것이다. 함부르크 자연사 박물관의 이러한 면모가 미래 박물관에 대해 가지는 진가에 대해 아직 충분히 이야기되지 않았다. 박물관 및 수집소의 탄생 이래로 일반인이나 학자들은 특히 자연사적 수집물들의 관찰과 관련해 관찰의 기초적인 능력의 배양 및 실행을 중요하게 여겨 왔다. 이제 전시의 개념은 점점 더 이제껏 느끼지 못한 인상의 체험과 짜릿함으로 나아갔다. 오늘날까지 이어지고 있는 세 가지 전시 방식이 발전해 왔다고 개괄적으로 말할 수 있다. 개별 사물을 하나의 명작 또는 기념물로 고찰하는 것, 또는 대상들의 계열을 분류적 체계 또는 발전사로 고찰하는 것, 그리고 대상들을 하나의 전체적 그림 속에 세우는 것, 즉 대상을 관객 공감 모델 대상으로 배치하는 것이다(vgl. Köstering 2003, 212 ff. und Kretschmann 2006, 185 ff.). 19세기의 모든 박물관들은 전문 분과에 상관없이 이 세 가지 전시 방식을 사용했다.

1904년에 글래스고에서는 『박물관, 그 역사와 쓸모: 영국 박물관 문헌과 목록(*Museums, Their History and Their Use: With a Bibliography and List of Museums in the United Kingdom*)』이란 제목의 책이 출간되었다. 세 권으로 나뉘어져 있고, 첫 번째 책은 포괄적으로 박물관의 역사와 쓸모를 다루며, 두 번째와 세 번째 책은 문헌 목록을 담고 있다. 데이비드 머레이(David Murray)의 이 책은 처음에는 과거 박물지의 부활로 등장한다. 하지만 좀 더 들여다보면 무엇보다 마지막 두 장인 "현대 박물관-고고학 박물관"과 "박물관의 쓸모"는 19세기 박물관의 특성을 다루고 있다. 머레이에게 박물관은 문명 발전사를 위한 장소이다. "문화 및 문명의 성장과 발전에 대한 서술은 현대 박물관의 목적들 중 하나이다. 우리는 개체들로 채워지고, 연대기적으로 배열된 전시실을 가지고 있다. 이 전시실은 단순히 의복, 무기, 가구 등의 사물들의 과정만을 보여 주는 것이 아니라, 또한 무역, 항해, 산업 기술, 지도, 교육, 수술, 물리적 연구의 과정도 보여 준다"(Murray 1904, 39). 이 책에서 원형으로 기술된 박물관은 역사적인 전문 박물관으로서, 이는 다양한 대상 영역(군대, 우편, 농업, 인종학, 도시사, 기술, 자연)을 대상으로 하며 역사를 가능한 한 교육적으로 제시하고 전해 주려고 노력한다. 머레이가 박물관에 대해 말할 때 그는 역사 박물관을 생각하고 있으며, 이를 분명히 회화 갤러리, 즉 예술 박물관과 구별하고 있다. 그의 19세기 박물관은 학문적인 박물관으로, 이는 자신의 대상 영역을 지속적으로 확장하며, 여기서 연구가 진행되고 목록이 작성된다. "이제 이해되듯이, 박물관은 고대 기념물들의 수집 또는 학자와 과학자에게 관심 끄는 다른 대상들의 수집소로서, 이들은 정돈되고 과학적 방법에 알맞게 전시된다"(Ebd., 1). 박물관은 전문적인 지식을 낳는 영역이며, 완전함에 도달하려 한다. 머레이는 모든 영역을 수집하려는 박물관을 비난하는데, 왜냐하면 이는 진기명품 수집소에 불과하기 때문이다. 그에게 대상 영역의 확실한 구분이 중요하며, 그는 체계화와 분류를 변호한다(ebd., 231 ff.). 수집 방식은 백과사전식이지만 부분 영역으로 나눠진다. 박물관의 의미와 목적은 방문객들이 관찰을 경험할 수 있게 하는 것이며(이는 더 이상 자명한 것으로 전제될 수 없다) 지식을 대중화하는 것이다(ebd., 259). 이로써 머레이는 서로 다른 박물관의 접근 방식, 즉 서로 다른 두 가지 전시 방식을 언급한다. 옛 자연사적 전통 및 19세기의 관찰 모델은 아이와 젊은이를 위한 중요한 교육 모델로서 개인에게 집중되어 있다고 한다면, 대중화는 사전 지식을 가지지 않은 가능한 많은 이들을 교육시키기 위한 지식 전달을 목표로 한다. 머레이는 이 두 가지가 통합 가능하다는 희망을 가진 마지막 사람들 중 하나이다.

우리가 『박물지』를 통해 알게 된 나이켈처럼 머레이를 전문가 박물관의 방황하는 마지막 지지자로만 보는 것은 정당하지 않을 것이다. 바로 직전의 역사와 끊임 없이 보조를 맞추려는 박물관의 노력 속에서 머레이는 시대의 중심적 역설을 인식했다. 즉 박물관에는 지속적인 현재화가 필요하다. 이를 통해 박물관 스스로가 하나의 역사, 즉 박물관사를 발전시킨다. 머레이는 박물관에 대한 반성적 관계—거의 우리는 반(Bann)의 관점에서 말해야 한다—, 즉 박물관에 대한 반어적 관계를 받아들인 첫 번째 사람 중 하나이며, 그는 우리가 추정할 수 있는 것보다 더 시간적으로 그의 사후에 이어진 개혁 운동에 접근하고 있다. 그는 한편으로 박물관의 이전 전시 배치들이 기록되지 않은 채 완전히 또는 부분적으로 변화되는 것을 아쉬워했다(ebd., 266). 기록을 남기게 되면 대상에 대한 관계가 얼마나 변화할 수 있는지를 보여 줄 수 있기 때문이다. 책 서두에 그는 박물관의 탄생과 관련해 박물관의 놀랄 만한 기억들을 확인한다(ebd., viii f.). 그의 책은 다음 표현으로 마무리된다. "1897년의 박물관은 1847년의 박물관보다 많이 진보했다. 하지만 그것은 반대로 20년 이후에는 낡은 것이 될 것이고, 다가오는 세기는 그 방법에 있어 중간 지점일 것이며, 전시 배열은 아마도 좀 더 나은 것으로 완전히 대체될 것이다. 우리는 항상 앞으로 나아가고 있다. 하지만 우리는 목표에 도달하지 못한다"(Ebd., 285). 박물관의 이러한 지속적인 변화 과정을 인식함으로써 그는 이미 새로운 세기를 표현하고 있으며, 그의 이전 서술은 사실상 전문가 박물관에 대한 마지막 소개이면서 동시에 다가오는 요구에 대한 예견을 시도하고 있다.

　박물관의 이념이 르네상스에 기초를 두고 있다면, 박물관의 역사와 박물관학은 19세기 말, 즉 유럽 국가들의 산업적으로 팽창하는 발전의 정점에서 시작된다. 왜냐하면 19세기에는 박물관 외에도 무엇보다 산업 생산물의 경쟁적 발전에서 요구되는 박람회가 중요하기 때문이다. 그렇기 때문에 요약하자면 박물관과 수집소는 이제 두 개의 분리된 영역으로서 각각 전시 공간과 보관 장소로 파악될 수 있다. 대상의 세 가지 전시 방식은 다음을 의미한다. 개별 명작은 모든 이를 명상으로 초대한다. 하지만 누가 이로부터 더 높은 고양과 유용성을 얻게 될 것인지, 누가 전문가인지 일반인인지는 정해져 있지 않다. 계열 전시는 대상을 소개하는 분류의 한 예로 이해되고, 점진적으로 오로지 학문적인 관심을 가진 이만이 그것을 향유할 수 있다. 이에 반해 관객 공감 모델에선 대상들이 적절하게 함께 놓이고, 대상을 한 역사의 유물이자 증거로 전시하는데, 이러한 방식은 계속적으로 커져 가는 대중을 위한 것으로 기획된다. 박물관의 발전을 오해하게 되면, 사람들은 이러한 여러 전시 방식을 오로지 박물관에서 유래한 것으로만 이해하게 될 것이다. 박물관 건립과 평행적으로 박람회라는 자기 발전하는 매체는 대상을 상품으로 전시하고, 대상의 접근 가능성, 즉 구매 가능성을 전시와 동일시하여 집단 방문객들을 유혹하게 된다.

박람회 팽창과 박물관 개혁

박람회 팽창

박물관의 역사, 그리고 박물관 그 개념의 기획의 역사는 무엇보다 18세기 말 파리의 박물관 건립으로부터 시작하지만 또한 동 시간대에 생겨난 산업박람회 또한 일조했다. 이러한 박람회는 19세기 중순 만국박람회를 통해 지구적 규모로 성장하게 되는 고유한 전시 문화가 된다. 페터 슬로터다이크(Peter Sloterdijk)는 박물관과 박람회(Weltausstellung)를 분리된 영역으로 간주하지만, 이들은 "18세기 말 이후 지구 위의 지역적 문명을 점점 더 동기화하는 모험 속으로 끌고 가는 자본주의적 문화혁명"을 통해 서로 연결된다. "자본은 세계를 동기화한다"(Sloterdijk 1990, 196). 이 자본은 두 가지 결과를 가져오는데, 바로 "역사화하는 박물관"과 "현재화하는 박람회"이다. 박물관이 가치의 전당으로 기능한다면 박람회는 "세계 백화점"이다(ebd., 197). 슬로터다이크는 박람회가 빠른 변화를 통해 실현하는 현재성을 언급한다. 현재적인 것, 관찰자의 생활 세계와의 연결은 박물관보다는 박람회에서 더 쉽게 실현될 수 있다. 토니 베넷은 자신의 책 『박물관의 탄생』에서 박물관 개념의 확장이 만국박람회로 인해 이루어진 것으로 서술하면서, 이 확장을 대규모 시장, 축제장, 총 전시장과 연결시키는데, 이는 슬로터다이크와 비슷한 주장이다. 푸코를 언급하면서 그는 박람회와 박물관을 관찰 및 권력 실행에 봉사하는 장소라고 분석한다. 이 장소에서 방문객의 지각이 변화되거나 통제될 수 있다(Bennett 1995).

사람들이 박람회를 가치 백화점 또는 종합 전시 체계로 이해하든 상관없이 그 역사는 동시대의 박물관 건립과 평행을 이룬다. 박물관과 달리 19세기의 산업박람회에서는 대상들이 상설 전시되지 않았고, 기본적으로 구입할 수 있었다. 이들은 박물관과 비슷한 전시 방식―유리 진열장, 무대, 탁자―속에서 제시되지만, 전시된 대상들은 지속적인 수집에서 유래하는 것이 아니라 일반적으로 시장을 위해 생산되었다. 박람회는 정기적으로 열리는 시장(市場, Messe)로부터 유래하지, 박물관처럼 수집소로부터 생겨난 것이 아니다. 전시물을 위해서는 홀이 세워지지만, 상설 전시를 위해 기획된 그러한 건물은 세워지지 않는다. 박람회는 지속적인 변화를 통해 현재에 참여하는 반면, 박물관은 현재를 교육적 의도에서 규정하려고 한다. 박람회는 기술적 진보 개념 및 가속화되는 세계의 한 부분인 반면, 박물관은 문화 비판적 의도에서 세계에 대한 저항과 보존의 장소로 이해된다. 그래서 이번 장에서는 다시 한번 시간적 회고가 시도되는데, 이는 19세기 박람회가 박물관의 발전 및 이해에 어떠한 점진적인 영향력을 행사하는지를 보여 주게 된다.

"산업박람회는 정확히 한정된 영역에서 나온 수공업, 산업, 공업 생산물을 무제한적인 폭넓은 대중에게 소개하려고 한다. 전시물은 주최자에 의해 구입되는 것이 아니라 자발적인 참가자들에게 맡겨졌고, 평

가 장소에서 평가자에 의해 평가되었으며, 평가자들은 평가 결과를 공
개했다. […] 이 행사는 규칙적인 간격을 두고 반복되었다"(Beckmann
1991, 3). 이러한 산업박람회에 대한 짧고 포괄적인 정의는 그것의 기
능적 특성과 시간적 리듬을 분명히 한다. 여기서는 명상이나 역사에 대
해 이야기되지 않는다. 이제부터 현실적으로 중요하고, (제한된) 개관
시간에 광고되고 전시되어야 할 대상들이 문제가 된다. 산업박람회의
시초는 박물관 건립과 마찬가지로 혁명 이후의 프랑스였다. 루브르 박
물관 및 자연사 국립 박물관 외에 크뤼니츠는 자신의 『경제 백과사전』
에서 기술과 산업 보관소(Conservatoire des arts et métiers)를 언급했
다. 이는 첫 번째 기술 박물관으로 인정되며, 1794년에 건립되었다. 그
는 이 박물관을 오늘날 우리가 뮌헨의 독일 박물관 또는 런던의 과학
박물관에서 보는 기술 박물관처럼 생각하지는 않았다. 이 보관소는 기
술적 지식 확대와 현대의 꽃피우는 산업 확충에 도움을 주고, 그래서
첫 번째 산업박람회와 비슷한 목표를 추구하던 기계, 도구 수집물들을
포함했다. 이 보관소 건립의 배경은 당시 프랑스 시장에서 옷, 식기, 면
도기에 이르는 영국 제품들의 우위 때문이었다. 이들은 프랑스의 관점
으로는 장려되어 현대적인 산업에서 살아남아야 했다. 건립자인 성직
자 앙리 그레구아르(Henri Grégoire)의 제안서를 보면, 도구 및 이 도
구의 도움으로 완성된 상품 전시에서 중요한 것은 과거 체계에서 영적
활동 때문에 평가절하되었던 수공업적 노동의 가치를 드높이는 것이
다. 그래서 산업박람회가 기계와 상품 이외에도 항상 반복적으로 노동
과정 및 생산 환경을 보여 주는 것은 놀라운 일이 못 된다. 파리의 보관
소는 1798년부터 생겨난 산업박람회의 출발점이었다. 사실 이 첫 번째
보관소의 전시회는 혁명 기념 축제로 여겨졌고, 민족 자존심의 고양 및
성취는 산업 자유의 상징으로 간주되었다(ebd., 17). 프랑스 산업박람

회는 다른 여러 나라에서 생겨난 같은 종류의 미래 박람회를 위한 지향점이었다.

박물관이 역사를 기록하려 했다면, 박람회는 특정 시점에 구입 가능한 상품을 모아 비교할 수 있는 관점을 제시했다. 프랑스와 달리 유럽의 다른 나라에서의 발전은 뒤쳐졌고, 특히 독일에서는 매우 더디었다. 독일에서는 마침내 19세기 중반에 소국(小國)이라는 제한에도 불구하고 박람회가 발전했다. 산업박람회가 단순히 소재나 먼지떨이, 즐거움이나 시상식 등으로 구성되어 있다고 가정한다면, 이는 잘못된 것이다. 박물관에 서로 영향을 미치는 대상 영역인 예술과 자연이 있다고 한다면, 박람회에는 예술과 산업이 있다. 사회과학자인 잉에보르크 클레베(Ingeborg Cleve)는 이러한 박람회 문화가 취미 형성의 장소로 이해될 수 있다고 지적한다. 산업과 예술은 종종 동일한 공간 속에서 진열되었고(Cleve 1996, 32), 예술과 상품은 공동으로 전시되었다. 기술 및 생산물의 전시와 평행적으로 사람들은 동시대 예술가의 작품들에 대한 전시회를 조직했고, 이들은 전시된 상품들처럼 평가되었다. 시간적으로 제한된 전시와 이와 연계된 평가는 산업박람회의 중요한 요소들이다. 오늘날 관점에서 보면 우리는 박람회를 기술 및 경제적 진보의 중심적인 경험의 장소라 서술할 수 있다. 점점 더 팽창하는 박람회는 단순히 공장과 산업 기업가들의 접촉과 교환만을 자극했던 것이 아니라 소비심리를 깨우고, 새로운 시장과 대중화된 기술 및 과학적 발명을 공개했다(Großbölting 2008, 14, 27). 동시대의 관찰자가 18세기 프랑스의 국가 산업박람회를 중세의 기사 마상 시합과 비교했다면(vgl. Beckmann 2002, 257), 19세기 중반 무렵 시작된 만국박람회는 모든 비교 기준을 뛰어넘는다. 지역적 또는 국가적으로 조직된 산업박람회와 달리 1851년 런던에서 처음으로 산업국가들이 국제적인 전시를 조직할 수 있었다. 이제부터는 규칙적인 간격으로 메트로폴리스적 도시를 번갈아 가면서 열리게 된 기술 및 공예 수준에 대한 관람이 중요했다. 점점 더 사람들은 일정한 "박람회의 피로"에 대해 불평했다(Ciré 1993, 55). 하지만 동시에 이 박람회라는 매체는 특히 19세기 후반부터 진보의 실질적인 주역 중 하나이자, 진보를 보여 주는 공간이었고, 중심적 "현대성의 공간"이었다(Geppert 2010, 3ff.).

이러한 박람회 형식에 대한 이론적 반성은 뒤늦게 시작되었지만, 동시대의 저술에서 우리는 박람회 관람이 준 좋은 인상을 발견할 수 있다. 귀스타브 플로베르(Gustave Flaubert)는 1867년에 "파리 만국박람회"를 방문한 후 다음처럼 적었다. "나는 전시회에 두 번 갔다. 인산인해였다. 거기에는 엄청나고 최고로 눈길을 끄는 사물들이 존재한다. 하지만 사람은 무한한 것들을 볼 수 있도록 창조되어 있지 않다. 좋은 학문과 예술을 알아야만 마르스 광장에서 볼 수 있는 모든 것에 관심을 가질 수 있을 것이다. 누군가가 석 달의 시간을 가지고 아침마다 거기 가서 둘러보게 된다면, 그는 나중에는 엄청난 독서와 수많은 여행을 절약할 수 있을 것이다"(zit. n. Wörner 2000, 11). 그는 만국박람회를 세계를 사로잡는 사건으로 기록하는데, 이는 모든 나라의 중심들을 재현하기에 "여행을 절약"하게 한다. 플로베르는 사람들이 노트를 작성하면서 홀을 돌아다니고, 계속 확대되는 지식을 얻어 가고 있다는 인상을 표현하고 있다. 이는 박물관의 경험 및 그 개념과 아주 다르지 않으며, 박람회의 경우에는 규모나 취급 범위가 더 크다는 것이 차이점인 듯하다. 박물관이 역사를 눈앞에 보여 주는 반면, 박람회는 생동적인 동시대적 세계를 보여 준다. 단순히 산업적 관심에서 온 상인들만 박람회를 방문하는 것이 아니다. 방문객의 다수는 상품 세계를 지각하지만, 직접적으로 이 세계와 관련되어 있지는 않다. 지그문트 프로이트(Sigmund

Freud)는 빈의 1873년 만국박람회에 대해 아주 다르게 기술하고 있다. "박람회에 나는 이미 두 번 갔다. […] 전체적으로 기발하고, 아름답지만, 생각이 빠져 있는 세계에 대한 관람이며, 이것 때문에 대개의 사람들이 방문하고 있다. […] 이는 즐거움을 주고, 산만하게 만든다. 사람들은 모든 소란 속에서도 여기서 화려하게 홀로 머물 수 있다"(zit. n. ebd., 11). 이 글은 전시된 연관 속에서 지식을 발견하는 플로베르와 달리 오직 기괴한 것, 파악될 수 없는 것, 산만함을 강조한다. 프로이트는 박람회에서 통상을 벗어나는 소란만을 보고 있다. 교양 시민적 입장에서 그는 만국박람회와 박물관 사이에 엄격한 구별을 긋고 있다. 하지만 박람회와 박물관에서 일치하는 것은 바로 대상의 강조 및 가치 평가이다. 카를 마르크스(Karl Marx)는 1851년 런던 만국박람회를 조롱했다. "세계의 부르주아지는 현대의 로마에서 이 박람회를 통해 자신의 만신전을 건립하며, 여기서 자신이 스스로 만든 신들을 우쭐한 자기만족으로 전시하고 있다"(zit. n. ebd., 74). 마르크스가 말하고자 하는 것은 대상의 유일하고 공통적인 상품 특성이다. 사람들은 박람회를 통해 이질적인 것들을 나란히 전시한다. 면과 같은 원료, 최첨단 기계 또는 정교하게 새겨진 양초, 말하자면 "기계 콤바인과 대리석의 마돈나" 사이에 있는 모든 것이 병행 전시된다(Bollenbeck 1986, 290). 현대의 새로운 사회적이고 정치적 발전 속에 있는 물신으로서의 대상, 회화와 면도기에 관련된 기초적인 담론이 그 이후로 전시 논의를 이끌고 있다.

그래서 예술과 상품의 병행 전시에 대해 1873년 "빈 만국박람회에 대한 관청 보고서"는 다음과 같이 적고 있다. "예술 향유는 […] 전시의 목적과 목표가 결코 아니다. 기계와 산업 생산물이 여기서 자신의 궁극적인 영향력을 행사하는 것이 아니라 오로지 다양한 산업 영역의 상황과 진보를 판단할 수 있기 위한 하나의 표본으로만 사용되는 것처럼,

회화 작품도 개별적으로 향유되기 위해서가 아니라 현재적 예술이 어떠한 흐름 속에서 움직이고 있고, 어떤 방향이 지배적인가를 회화의 전체성 속에서 인식할 수 있도록 전시된다"(Centralkommisision des Deutsches Reiches, Bd. 1, 1874/1877, 107f.). 중심에는 비교가 전면에 놓여 있다. 개별 대상에 대한 고찰이 중요한 것이 아니다. 평가자는 콤바인과 마돈나로부터 동시에 국가 및 세계의 현 상황을 전체적으로 보여 주는 발전을 읽어 내야 한다. 이는 예술과 도구 모두에 해당한다. 왜냐하면 "과학적 도구" 분과의 책임 있는 관장은 확언한다. "산만한 소란으로 가득 찬 만국박람회는 상세한 검증의 장소가 아니다"(ebd., Bd. 2, 1874/1877, 490). 소란으로 가득 찬 거대한 그 형식은 "진보"와 그에 맞는 전시를 보증한다. 플로베르에서 프로이트를 거쳐 관청의 전시 목록이 보여 주는 관람 내용은 그러한 박람회 방문이 박물관과는 아무런 관련이 없다는 점이다. 박람회 방문은 오히려 이 시대에 중요했던 지각 양식인 탐험과 동일하다. 박람회의 단순한 방문자는 상세한 고찰 또는 "예술 향유"와는 꽤 멀다. 그는 엄청난 것, 알려진 모든 차원을 뛰어넘는 것이 전시되어 있다는 것만을 이해한다. 이에 대해 마르크스가 로마 만신전의 재건을 이야기한다는 것은 시사하는 바가 매우 크다. 왜냐하면 그때까지 시민에게 신성한 것은 건축적으로는 사실상 만신전과 유사한 건물, 즉 예술 박물관이었기 때문이다. 하지만 이 예술 박물관에는 개별 대상에 대한 명상적 침잠이 전면에 놓여 있었기에 여기서는 기술적 진보가 눈에 들어오지 않게 된다. 이 진보는 오직 정기적으로 새롭게 열리는 대상에 대한 박람회에서만 볼 수 있다.

　박람회는 끊임없이 변화되었고, 주최국과 도시에 따라 다양한 목표를 추구했다. 모든 박람회에 공통적인 점은 박람회가 커다란 건축물을 통해 이루어지고, 건축물은 각각의 전시 목적을 위해 건립되었다는 점이다. 이 건축물 중 가장 유명한 예가 바로 1851년 런던 만국박람회를 위한 수정궁과 1889년 파리 만국박람회의 에펠탑이다. 19세기의 새로운 건축 방식인 철근의 사용은 처음으로 거대하고 밝은 홀을 가능케 했고, 이 홀은 온실, 전시홀, 상점으로 이용되었다. 이러한 새로운 건축 방식이 바로 전시 공간을 규정했다. 개별 전시자를 위한 칸막이 진열장은 후에 천막 구조라는 개별 건물로 따로 떨어져 나갔고, 여기서 개별 나라, 기업이 각각 분리된 채 전시할 수 있었다(Ciré 1993).

상품 세계의 전시와 함께 상품의 원산지 국가에 대한 전시가 재빨리 이루어지게 된다. 기술적 진보의 전시는 더불어 전통, 관습, 습관의 전시로 이어지고, 이들의 도움으로 한 민족이 가장 최선의 방식으로 선전되고, 무엇보다 방문객에게 소개되었다. 이는 모든 만국박람회를 거쳐 갔던 두 가지 견본에 따라 이루어졌다. 유럽 민족의 관습과 습관은 주로 농업 관련해서 소개되었고, 제품과 관련해서는 동시대 발전 상태보다 더 뛰어나다는 점에서 발전 능력이 있는 것으로 제시되었다. 또는 유럽 이외의 민족의 관습과 습관은 낙후되어 있는 것은 아니지만 원시적인 문화 상태로 전시되었다. 대상 외에도 인간이 전시 대상으로 들어섰다. 인간은 이국적이고 살아 있는 전시 목록에 포함되었고, 지속적인 전시를 위해 세워진 마을과 환경이 전시되었으며, "생명으로 채워졌고" 의식적 춤과 일상생활의 시범이 이루어졌다. 여기에는 마크 트웨인(Mark Twain)이 보고하듯이, "에스키모인" 또는 "문신을 한 남태평양 섬사람들"이 전시되었다. 그러한 마을과 오직 상설 전시 목적을 위해 공동으로 사는 거주자들은 문화적인 낯섦, 즉 유럽이나 미국의 문화 상태보다는 열등한 문화 상태를 보여 줬다. 이는 식민주의적 팽창의 지배적 태도로 이해되어야만 한다. 이러한 마을의 건축물들은 인간 역사의 다양한 발전 단계들을 가시화하려는 시도를 보여 줬고, 1893년 시카고처럼 동시에 진행된 인류학적, 민속학적 회의의 틀 내에서 논의되었다. 이에 대한 반대항으로서 사람들은 최신의 상품을 전시할 뿐 아니라 또한 자신들의 민족사와 특수성에 대한 회고를 전시함으로써 자신들의 발전 상태를 선전했다. 유럽 바깥의 민족 고유의 천막, 풍경 파노라마, 세워진 마을과 의복을 걸친 거주민들 등의 민속학적 장식물은 기술 진보와의 대립을 명확히 보여 줬고, 동시에 "그 이전"과 "그 이후" 사이에 놓여 있는 엄청난 발전 가능성을 보여 줬다. 1851년 첫 번째 만국박람회 개막과 관련한 축사는 다음과 같다. "1851년 전시회는 우리 모든 인간에게 주어진 저 거대한 과제 해결에서 도달하게 되고 발전 단계에 대한 충실한 증언과 생생한 그림을 우리에게 제공해야만 한다"(zit. n. Bollenbeck 1986, 291). 여기서 게르만 민족 박물관의 첫 번째 관장인 아우구스트 오트마르 폰 에센바인의 "전체적 그림"(Gesamtbild) (마지막 장과 비교하라)이 비록 발명되진 않았다 해도, 동일 시기에 개발되었다. "개별 전시실 원칙"(Stubenprinzip)에 따라 농업 공간이 마련되어 생동감 있게 구성되어야 하는데, 여기서 이 원칙이 관철되었다.

　1851년 런던 1차 만국박람회의 개최 시기가 1852년 뉘른베르크 독일 민족 박물관 건립 시기와 거의 일치한다는 점을 고려한다면, "개별 전시실 원칙"이나 "입체 모형" 전시 방식이 어디에서 발전했는지에 대해 생각해 보는 것은 쓸데없다. 박물관 구조가 박람회 구조와 매우 긴밀하게 연결되어 있다는 것은 점점 더 명확해진다. 특히 이는 문화사 박물관과 민속 박물관 사이의 연관에서 더욱더 두드러진다. 민속 박물관의 역사는 19세기 말 스웨덴에서 시작된다. 스톡홀름은 젊은 문헌학자이자 교사인 아르투어 하젤리우스(Artur Hazelius)가 1873년에 노르디스카 박물관을 건립했던 장소이며, 문화사적 수집 개념을 전체 건물로 확장했다. 1891년에는 "살아 있는 박물관"의 이념(Hazelius 1900, 18)

을 통해—만국박람회 표현과 연결되어—오늘날 소위 "민속 박물관"
(Freilichtmuseum)으로 확장했다. 하젤리우스의 작업은 당시의 전시
방식을 고려치 않으면 생각할 수 없던 전문적인 박물관 유형의 발전 초
기에 서 있다. 1867년 파리의 만국박람회는 민족적 양식을 띤 첫 번째
천막들을 선보였다. "전시 영역은 공원으로 조성되었고, 참가하는 국가
들은 이 공원에 자신의 민족적 건축물을 민속 관습 및 전통과 연계해서
보여 줄 것을 요청받았다"(Rentzhøg 2007, 26). 여기서 도입되어 하젤
리우스에게 깊은 감명을 주고 영향을 준 형태들은 조각가 카를 아우구
스트 죄더만(Carl August Söderman)에서 유래했다. 빈의 만국박람회
에서는 마침내 1873년 처음으로 하나의 전체 마을이 건립된다. 이는 하
젤리우스가 스톡홀름의 노르디스카 박물관을 건립한 동일한 해이며,
이 박물관의 입체 모형들이 성공적이었기 때문에 하젤리우스는 1878년
파리 만국박람회에서 전시를 기획하는 임무를 요청받았다(ebd., 15).
그 외에 진보와 기술로 방향을 잡은 세계 속에서 옛 생활 형식들을 보
존하고, 이를 단순히 수집물들을 통해 기록할 뿐 아니라 동시에 "살아
있는 것"으로 유지하는 것이 중요했다. 그래서 민족사 박물관과 문화사
박물관, 그리고 산업 박물관의 전시를 입체 모형적 복합물 속에서 가시
화했던 것이 여기서는 대상과 활동, 대상과 건물 채로 전시되었다. 공
원 형태의 박물관인 "스칸센"(Skansen)에서 의복을 입은 여자들이 방
문객을 지켜보고, 순록들이 관찰자들을 지나가며, 지역 특색의 식물들
이 관찰될 수 있었다.

　하젤리우스는 1900년에 직접 서술하듯이, 체험 박물관이란 "건물과
생활 물건, 무척 다른 유형의 도구나 기구들을 단순히 보여 주는 것이
아니다. […] 박물관은 그 살아 있는 특성을 통해 민족의 삶을 그리려고
노력해야 한다"(ebd., 10/11). 대상들은 계열 속에 표현되거나, 추상적

인 분류 속에 놓여선 안 되며, "그들이 사용되는 것이 관찰되고, […] 의
복이 어떻게 지어지는지 관찰되어야 한다"(ebd., 15). 노르디스카 박물
관은 먼저 1873년에 "스칸디나비아 민속 수집소"로 건립되었다가 후에
"노르디스카 박물관"으로 개명되어 무엇보다 민속학적으로 연출된 장
면들의 입체 모형을 세우게 된다. 이 장면들은 알지 못하는 폭넓은 대
중을 시각적으로 가르치려는 건립자의 소망에 따른 것이다. 하젤리우
스의 의도는 민족적 동일성을 세우고 민족 교육을 활성화하려는 것이
었다. 그는 두 개의 박물관 건립자임에도 불구하고 자신의 이념을 다음
처럼 표현하기 때문에, 그의 활동은 박물관에 대한 반대 운동이라 할
수 있다. "여기 선반에는 죽어 있는 것이기 때문에 관찰자가 그냥 지나
쳐 버릴 그러한 죽어 있는 그림도, 죽어 있는 어떤 옷도 존재하지 않는
다. […] 어떠한 박물관도 사람을 놀라게 해선 안 된다"(Ebd., 19). 그가
이미 노르디스카 박물관에서 살아 있게 만드는 요소를 사용하려고 시
도했다면, 그에 의해 건립된 첫 번째 민속 박물관인 "스칸센"은 이를 매
우 포괄적인 범위에서 실현하고 있다. 왜냐하면 여기는 스톡홀름의 공
원이며, 그는 여기에 다른 장소에서 그대로 옮겨 온 원래의 건물들을
세웠기 때문이다. "스칸센"에 스웨덴 지역에 있는 식물들, 지역 특색의
동물들이 추가되었다. 그는 이런 방식으로 교육과 유희가 결합된다고
보았다. 1891년 "스칸센"이 개관되고, 그와 함께 축소 모형으로 재현한
과거의 스웨덴을 건립하려는 시도가 이루어진다. 하젤리우스의 조력자
인 닐스 에드바르트 하마르스테트(Nils Edvard Hammarstedt)는 두 복
합 장소의 관계를 다음처럼 묘사한다. "메인 박물관은 과학적 관점에서
가치 있는 개체를 보존하고 […] 투자하고, 분류하고, 조직화하고, 체계
화하여 이들을 표현한다. 야외의 박물관은 메인 박물관으로부터 이 박
물관의 벽 내에서 적절하게 보존될 수 없는 종류의 대상들, 건물, 농업

기구, 이동 수단 등 및 비교적 평범한 대상들을 받아들이고 건물의 가구 배치를 위해 복제하며 […], 이들 대상들은 지나간 시절로부터 유래하는 가능한 한 유효하고 생생한 이미지를 불러일으키기 위해 사용될 수 있다"(zit.n. ebd., 31).

놀라울지는 모르나 수많은 문화사 및 민속 기획들이 따르고 있는 하젤리우스의 구분은 박람회와 박물관이라는 두 형식의 접근 및 연계보다는 둘 사이의 더 깊은 균열로 이끈다. 그는 박물관을 포괄적인 수집 장소로 간주했다. 여기서 대상들이 보존하고 보호되는 반면, "스칸센"은 대상들이 사용되고 이용되는 장소로서, 여기서는 지역적인 건축 및 인간에 관한 수집물의 목적이 방문객과의 상호작용 속에서 충족된다.

그래서 처음에는 (공개되지 않았기 때문에) 전혀 주목받지 못한 이론적인 박물관 기획들 중 하나가 바로 이러한 구분에서 생겨났다는 점이 강조되어야 마땅하다. 건축가인 고트프리트 젬퍼(Gottfried Semper)는 첫 번째 만국박람회에 참여했고, 수정궁의 몇몇 국가 진열실을 구성했다. 만국박람회 개최 1년 후에 젬퍼는 『이상적인 박물관(Das Ideale Museum)』에 관한 책을 썼는데, 여기서 그는 학문과 예술의 융합을 서술하면서 공적인 수집을 국가적인 교육적 도구로 규정한다. "완전하고 일반적인 수집은, 장기적인 관점에서 이야기하자면, 상호 융합 영역과 문화의 전체적인 학문 계획을 제공해야만 한다. 그것은 모든 시대에서 일들이 어떻게 일어났는지, 지구의 모든 나라에서 현재 어떻게 일들이 이루어지고 있는지, 그리고 이들이 환경에 따라 왜 이러저러한 방식으로 이루어지는지를 보여 줘야 한다. 그것은 역사, 민족지, 문화의 철학을 제공해야 한다"(Semper 2007, 37). 그는 "인간의 예술 열정의 근본 개념들", 즉 엮기와 직조술, 도기술, 목공술, 미장술에 일치하도록 이상적인 박물관이 네 영역으로 구분되어 있다고 본다. 젬퍼는 이를 통해 1852년 런던, 그 이후 1863년 빈에서 건립된 바와 같이 공예 박물관을 기획했다. 그의 기획은 광범위한 수집으로부터 시작하며, 이는 현재와 연결되어 있어 계속적으로 확장되어야 한다. 수집과 문화철학을 통합하면서 이러한 포괄적이고 기록 기능을 수행하는 수집의 요구는 또한 하젤리우스에게도 찾아볼 수 있다. 그는 수집을 단순히 과거만을 의미하는 것이 아니라 현재까지 이르는 연속적인 과정으로 이해했고(Rentzhøg 2007, 17), 이 입장은 이미 언급된 데이비드 머레이가 박물관 역사에 관한 자신의 책 말미에 아직 서술해야 할 박물관 개혁자의 입장이라고 밝히는 것과 같다.

19세기 중반에는 예술과 산업이 "공예" 개념 속에서 서로 연결되어 있었을 뿐 아니라 예술과 기술 또한 비슷한 생각에서 공동으로 전시되었다는 것이 분명하다. 만국박람회 개최와 동시에 박람회의 실체적인 부분들 중 하나로 예술 전시가 이루어졌다. 이미 서술되었듯이 예술 전시와 만국박람회의 병행 개최는 1854년 뮌헨 수정궁에서처럼 이루어졌다. 여기서는 산업 전시와 농업 전시 외에도 동시대의 예술이 전시되었다. 이미 18세기 중반 무렵에는 살롱 전시와 아카데미 전시가 개최되었고, 예술 전시 및 그와 연계된 예술 단체, 예술비평, 예술 시장이 19세기 동안 산업적인 전시회와 병행하여 발전했다. 예술은—여타의 생산물처럼—판매와 전시를 위해 제공되었다(Mai 2002). 1895년에 베네치아에서 비엔날레와 함께 첫 번째 예술 만국박람회가 거행되었다. 브뤼셀, 런던, 파리에서 해마다 열리는 박람회 속 국제적인 예술 시장은 베네치아에까지 확장되었고 국제적인 대중에게 제공되었다. 여기서도 대중적 성과가 있었고, 수많은 예술 작품이 전시 기간 동안 팔릴 수 있었다(Fleck 2009).

박람회와 박물관은 아마도 몇몇 경우에는—동시대 예술 작품의 경우는 세기말 즈음에 천천히 예술 박물관으로 옮겨진 것처럼—비슷한 대상들을 선보였을 것이고, 때때로 런던의 빅토리아와 알버트 박물관 (Victora & Albert Museum)의 경우와 같이 일시적으로 전시된 박람회 물건들이 박물관으로 옮겨졌다. 하지만 전시 이벤트와 뮤즈의 성전 (聖殿, Musentempel) 사이에는 여전히 커다란 간극이 존재했고, 이 성전이 박물관 자체의 영감을 불러일으키고 변화시켰다. 하지만 만국박람회와 다른 박람회 형식들은 대상을 보여 주고 그것을 의식(儀式)적인 문맥 속에 놓는 것이 박물관(과 교회)만의 특권이 아니라는 점, 그리고 기술적으로 발전한 현재가 역사를 알리는 것과는 어떠한 모순도 형성하지 않는다는 점을 분명히 했다. 무엇보다 전시는 새로운 매체로 발전되고, 세워지며, 확증되었다. 어떻게 제시되어야 하는지, 어떤 매체가 이를 위해 사용되어야 하고, 이들 매체 중 어떤 것이 특별히 성과를 약속하는지, 그리고 어떤 방식으로 심해 케이블과 같은 추상적인 생산물이 시선을 자기에게 끌 정도로 효과적으로 표현될 수 있는지에 관한 논쟁, 이 모든 것들이 19세기 박람회와 관련해서 논의되고 완성되었다. 이는 다양한 이론화 시도를 낳았고, 이들 중 가장 두드러진 것이 바로 알퐁스 파케(Alfons Paquet)의 1908년 서술이다.

그의 책 『국민경제학에서 전시의 문제(*Das Ausstellungsproblem*)』에서는 상품의 가시성에 대한 경제학적 가치 서술과 어떤 수단을 통해 제품의 가치가 올라가고, 판매 증진에 영향을 미칠 수 있는지가 문제가 된다. 그의 책에서는 상품 심리학에 대한 초기의 생각들이 발견되는데, 이에 따르면 그 현상의 형식은 바로 "경제학적 가치 형성" 부분인 대상 또는 상품들의 형태화와 관계하며(Paquet 1908, 4), 또한 전시 연관에서는 이들의 전시와 관계한다. 이를 위해 파케는 판매되는 대상의 사용 가치 외에도 전시 가치 개념을 고안한다. 전시는 그에게 필수적인 "소통 수단"(ebd., 27)이며, "바깥으로는 분리 불가능한 하나의 전체를 표현하는" 이벤트인 "반면 내적으로는 다소간 결합되어 있고 분절되고 위계질서 잡힌 덩어리로서, 이 덩어리의 부분들은 다른 부분에 반응한다"(ebd., 34). 전시는 일시적인 반면, 박물관은 수집 장소로서, 여기에 대상들이 진열된다. 이 박물관에는 대중과 대상 간의 커다란 거리가 존재한다(ebd., 25). 파케는 이 "거리"를 반드시 부정적이라고만 고찰하지 않으며, 이 거리는 대상들이 자신의 가치를 변화시키고 자신의 현실성을 얻기 위해 나아가야 할 자연스런 과정이다. 파케는 전시 가치를 진열장에서부터 거대한 산업박람회까지 확장시키며, "전시 형식들의 체계학"을 발전시키려고 한다. 생산물들이—곡물의 경우에서처럼—제한되어 있는 경우, 이들은 모델, 전시 그림 또는 재현물 등 특정한 "전시용 상품"을 필요로 한다. 파케가 바로 이 생산물들의 "가시적 속성"을 다룬다는 점이 흥미롭다. 그때까지 박물관이 행했던 것과 달리 박람회는 그러한 도움 수단들을 가지고 있으면서 이들을 성공적인 전체 전시를 위해 사용해도 될 뿐 아니라 사용해야만 한다. 박물관의 대상들이 연식과 독창성으로 결정되었던 반면, 파케는 박람회의 대상들을 독창성(찬사받아야 할 원래의 상품), 대표성(직관 대상) 및 상징성의 조합으로 평가한다. 대상을—모델처럼—전시 목적으로 만드는 것이 "전시"의 고유한 기초, 즉 "그 전시자의 능력"을 명백히 드러낸다. 이를 통해 파케는 일종의 박람회 큐레이터를 등장시킨다. 그는 수집의 쿠스토스가 아니라 찬사받아야 할 상품들 및 이들 연관의 일시적인 대변자이다.

책 속에서 파케는 "대상에 대한 이론적 명료성의 결여"(ebd., VII)를 보여 주면서, 적어도 이를 부분적으로 제거하려고 시도한다. 우리가 파케의 저술을 [뒤늦게-역자] 탄생한 상품 심리학 및 그것의 (국민)경제학적 배경의 관점에서 해석하지 않는다면, 우리는 이를 초기 전시 이론 텍스트로 읽을 수 있으며, 이는 단순히 앞으로의 발전에 대한 언급만을 주는 것이 아니라 동시에 19세기의 노력들을 적절하게 서술하고 해명하고 있다. 그의 책은 플로베르에서 프로이트까지 언급되어 있는 만국박람회 및 산업박람회의 수집된 경험들에 대한 이론적 해명을 제공한다. 파케는 스스로 수많은 박람회를 방문했고, 저널리스트로서 이를 묘사했고, 종종 기획에 참여했다. 대상들의 "시각 가치 또는 전시 가치"(Sehens‐oder Schauwert)는 여기서 그 모든 층위에서 설명되어 있고, 전시와 박물관 사이의 개념적이지만 단계적인 연관을 확장시키고 있다. 파케의 책은 박람회의 전문화를 위한 초기 변호로 읽을 수 있다.

박물관 개혁

파케의 텍스트는 박물관 개혁의 필요성이 확인되고 이 제도에 대한 새로운 이해가 요구되면서 또한 박람회도 비판적 고찰의 대상이 된 시점에 나온다. 박람회가 시간적으로 짧은 주기로 성공할 때마다 그것은 갓태어난 박물관을 점점 진부하게 만들었고, 거꾸로 명상적인 박물관 내부에서 감상하는 데에 익숙해진 방문객은 박람회의 전시를 대상과 사람들로 가득 채워진 스펙타클한 장소로 느꼈다. 파케가 박람회를 "거대한 양식의 시각교육"이라고 서술할 때(ebd., 113), 베르너 좀바르트(Werner Sombart)는 박람회 또한 긴급하게 개혁되어야 한다고 주장하면서 이러한 비판을 통해 좀 더 상세하게 박람회를 다루고 있다. 그에 따르면 박람회에는 두 가지 영혼이 있다. 상인을 위한 시장과 판매의 영혼이 있는가 하면 거대한 대중을 위한 진열(Schaustellung)의 영혼이 있다. 이제 둘 중 하나가 추구되어야 하지만, 둘 모두 동시에 추구될 순 없다. 먼저 박람회는 일종의 "배움의 필요를 지닌 대중을 위한 평생교육 학교"가 되어야 한다(Sombart 1908, 256). 그래서 좀바르트의 텍스트 「전시」는 흥미로운데, 왜냐하면 그는 1908년에 전시의 정의와 역사를 적절하게 기술하고 "진열"인 박람회를 "민주적인 옴니버스 [승합마차-역자] 원칙"으로 묘사하기 때문이다(ebd., 250). "값싼 입장료"로 "미지의 군중"은 무언가를 배우고, 박람회는 모든 "동일한 내용의 내밀하고 사적인 이벤트를 열게 되는데, 이는 승합마차가 원래의 마차에 대해" 또는 시민 공원이 왕의 정원에, 또는 박람회가 박물관에 대해 가지는 관계와 같다. 여기서 사라지는 것은 "내밀성"과 "대상에 대한 유기적인 개인적 평가"(ebd., 250)이다. 박람회가 그 역사에서 보면 공급과 수요를 일치시키는 것, 즉 판매 조직으로 간주되었지만, 우리는 이제 매우 진지하게 이러한 원칙이 낡은 것은 아닌지 물어야만 한다. "박람회 방문 광증"(ebd., 254)이 또한 관찰되며, "우리는 걸음을 옮기는 곳마다 항상 무언가의 박람회와 마주치게 된다"(ebd., 249). 박람회 발전의 논리적 종결점은 "박람회 자체에 관한 박람회", 즉 박람회라는 생각의 자기표현이다. 그래서 좀바르트는 그 이전의 데이비드 머레이와 매우 비슷한 지점에 도달한다. 이제 박람회 자체를 역사화하고, 그것의 다양한 발전 단계들을 보여 주어야 한다. 건조한 계열 배치와 감정적 감동을 위한 관객 공감형 전체적 그림 사이에서 움직이던 박물관과 유사하게 좀바르트는 박람회의 딜레마를 다음처럼 표현한다. 박람회는 광고도 해야 하면서 교육도 제공해야 하며, 상인과 대중을 함께 이끌어야 한다.

파케는 "견본 전시 공간과 박물관"(Paquet 1908, 92), 즉 판매 전시와 교육을 위한 지속적인 시설 사이에 걸쳐 있는 박람회, 즉 전문적인 박람회를 서술하면서 1906년 베를린에 있던 "유아 보육 박람회"를 사례로 든다. "그 이름이 말해 주는 바와 같이 이 행사는" 주어진 수요를 전면에 내세우는데, 이 수요는 충족을 위해 예를 들어 의사 조력이나 기술적 생산물의 기능에 대한 극도로 다양하고, 전문적인 요구들을 제기하고 있다. 이러한 전문적인 박람회는 작은 영역을 대상으로 하지만 극도로 다양한 내용 때문에 매우 특색 있는 것으로 보인다. 이 박람회에 포함된 대상들은 부분적으로는 교육 대상이면서, 부분적으로는 또한 판매 상품이었다. 이러한 전형적인 전문 박람회에서는 전시 상품들 및 이해를 위한 풍부한 소개가 굉장히 많이 이뤄졌다. 이 박람회에서는 먼저 유아 보육 분야에서 지금까지의 대책 및 연구 결과에 대한 개관이 포함되어 있다. 이 박람회는 시각교육적 방식으로 많은 사람들이 유아 사망이라는 사회적 곤경을 최소화하는 데 기여할 수 있는 대책들에 관심을 가질 수 있게 했다"(Ebd., 115).

파케의 사례 및 좀바르트의 이전 서술은 1900년경 박람회의 중심적인 특색으로 대상의 의미변화 가능성에 놓여 있다는 점을 보여 주고 있다. 박람회에서 "교육 대상"이 중심인지, 아니면 "판매 상품"이 중심인지가 항상 명확하지가 않았다. 왜냐하면 박람회에서는 박물관과 달리 대상들이 발명되었기 때문이며, 이를 파케는 "전시 상품", 즉 모델이자 전시 모형 등이라고 칭했다. 이들은 매우 드물기에 진열되어야만 하는데, 그런 생산물들의 "가시적 속성들"이 초점이 된다. 어떻게 곡물이 진열되고, 어떻게 석탄이 전시되어야만 할까? 좀바르트는 적기를, 통상의 방문객은 박람회에서 "수염 기름이나 […] 양말대님"을 사려고 오지 않으며, 오히려 정신없이 "산처럼 쌓인 필수품들"들을 관찰한다. "이들은 집에서는 볼 수 없는 것들이다"(Sombart 1908, 254). 파케는 이 이유에 대해 다음처럼 서술했다. 행사 및 진열 수단 속에 새로운 요소가 있는데, 이는 일상적 대상이나 상품을 낯설게 만들고, "번역하며", 새로운 연관 속에 놓는다. "전시 상품들"의 매혹은 수백 개의 토마토 케첩 병을

거대한 원뿔 모양으로 세우거나 또는 인간 육체의 기능들을 새롭게 개
발한 모델의 도움으로 표현하는 데에 놓여 있을 수 있다. 사람들이 개
별적인 명작을 문화사 및 자연사적 맥락 속에 놓인 (체계나 시리즈 또
는 입체 모형과 장면 속에 놓인) 대상 옆에 세우게 되면서, 대상 이해가
19세기 동안 확장되었다면, 이제는 전시되어 있는 '번역된 대상', 2차
적인 재현 모형에 대한 이해가 이루어졌다. 이는 무엇보다 유아 보육과
같은 주제들이 왜 박람회를 통해 제시되는지의 이유이다. 여기서는 산
업과 교육의 혼합이 일어났고, 그래서 광범위한 대중에게는 "전시 상품
들"을 통하지 않고서는 전달되지 않던 거대한 추상적 주제들의 혼합이
일어났던 것이다. "학문 박람회"라는 방식으로 일정한 주제 영역이 제
시되었는데, 이는 1880년대 이후로 점점 더 확대되었고, 특히 노동자
보호 박람회와 위생 박람회가 그렇다.

　산업박람회와 만국박람회 외에도 무엇보다 19세기 중반 이후에는 반
복적으로 항상 특정한 요인으로 인한 박람회, 예를 들어 자연과학적 회
의를 위한 박람회가 존재했고, 여기서는 회의 주제와 연관된 생산물들
이 전시되었다. 특정한 과학적 발견들―뢴트겐선 및 그 사용, 뢴트겐
장치 및 그 구성 등―이 있었고, 이들이 이 영역에서 전시되어야 했다
면, 노동자 보호와 위생을 위한 박람회는 산업적 발전과 긴밀한 연관
속에서 바라보아야만 한다. 특정한 생산, 수익 방식의 점증하는 기술화
를 통해 지금까지 알려져 있지 않던 노동 과정이 생겨났고, 이것이 노
동자, 기업가 및 제조업자에게 알려져야만 했다. 한편으로 의료보험,
사고 보험 등과 같은 노동자의 문제 제기, 다른 한편으로 노동자 보호
를 위해 생겨나는 입법이 이러한 박람회 문화의 출발점이었다. 결핵,
성병과 같은 질병 또는 결여된 위생과 영양으로 인한 유아 사망, 질병
요인 및 치료제의 발견이 점증하는 박람회의 기초를 이뤘는데, 이러한

박람회는 종종 박물관과 연계되어 이루어졌다. 박람회에선 새롭지만 가장 위험천만한 기계로 인한 사고 안전 대책이 제시되었다. 이러한 전시에서는 노동자, 엔지니어, 제조업자, 기술자의 포괄적 교육 및 정보가 문제가 되었다. 다른 한편으로 이러한 박람회는 잘 계산된 정치적 이념에서 나온 노동자 계층의 상징적 인정 및 가치 평가와 긴밀하게 연관되었는데, 왜냐하면 박람회는 노동자를 "사회민주주의로부터 멀리 떨어뜨려야" 했기 때문이다(Bericht 1890, Bd.1, XIV). 이는 1889년 베를린에 있었던 "안전사고 방지를 위한 독일 일반 박람회"에 대한 공적인 보고서가 밝히고 있는 바와 같다. 보호 장비 자체뿐 아니라 안전장치를 지닌 기계 또한 전시되어야만 하고, 박람회는 노동자의 건강과 복지와 관계된 예방 수단 및 설비를 포괄해야만 한다는 것이 특별히 언급되었다"(Ebd., IX).

"노동자 복지"는 이런 맥락에서 "'노동자들의 물질적, 정신적, 도덕적 복리를 위한 기업가의 활동'으로서, 법적인 테두리를 넘어서는 활동"을 의미한다(zit. n. Poser 1998, 32). 노동자 보호는 다시금 노동자의 전체 생활환경을 포괄할 수 있고, 좋은 의미로는 기업에서 일하는 노동자 보호를 위해 노동관계로부터 생겨날 수 있는 위험과 불이익에 대해 취해지는 대책들로 이해될 수 있다(ebd., 30-31).

19세기 후반에 생겨난 박람회들은 한편으로는 직업 및 산업박람회의 혼합물, 다른 한편으로는 학문적 인식과 그것의 대중화 및 계몽적 노력의 혼합물로 파악될 수 있다. 박람회는 파케가 말한 의미에서 전문 박람회로 해석될 수 있으며, 이는 그 당시 누군가가 다음처럼 직관적인 단어로 표현하고 확인한 것이다. "전자의 박람회는 거대한 만국박람회이며, 이는 마치 팀파니와 트럼펫으로 이루어진 거대 콘서트의 소음과 같고, 반면 후자의 박람회는 아름다운 심포니가 내는 훌륭한 소리와 비교될 수 있을 것이다"(Bericht 1890, Bd.1, XXVII). 팀파니든 바이올린이든, 반주 음악은 동일했다. 관청의 목록, 전시회를 위한 안내서, 대상에 대한 문서적 설명, 고용된 인원, 세워진 설치 시설에 대한 개관 등과 같은 교육적 도움의 수단 또는 시연에 사용될 "특수 스쿠버다이빙 센터"(ebd., XXX)는 전문화된 전시라는 의미에서의 전시를 없앨 뿐 아니라 더욱더 교육 프로그램에 가치를 둔다는 점을 명백히 하고 있다. 그래서 전시된 물품들로부터 새로운 박물관이 생겨난 것은 놀라운 것이 아니다. 먼저 베를린 위생 박물관은 1885년에 건립되었는데, 이는 2년 전 거행된 위생 박람회로부터 유래한다. 또한 베를린 사회 박물관과 마지막으로 1903년 베를린에서 열린 "노동자 복지를 위한 상설 박람회"가 그렇다(Poser 2000, 208). 이 공간에 전시된 대상들은 모델, 설계도, 사진, 기계로 구성되어 있고, 이는 예전의 보관소에 있던 견본 수집과 최신의 생산물 사이에 놓여 있는 물건들이다. 그래서 이러한 박물관 형식의 긴장이 언급되는데, 그 전시물들은 교육적인 효과를 가지기 위해 항상 반복적으로 갱신되고, 최신 발전에 맞춰져야만 한다. 역사가 슈테판 포저(Stefan Poser)는 적기를 "고정적인 수집물이 아니라 항상적인 교체가 이상적이었다"(Ebd., 211). 요약하자면 "사회적 산업화 문제 해결에 기여한다는 목적을 가진 사회 박물관은 하나의 고유한 박물관 유형을 형성하고 있다. 이 박물관은 문제에 집중한 전문 박물관으로 인간-건강-기술이라는 주제 영역과 관계한다. 여기서 박물관은 방문객에게 정보 및 교육을 제공함으로써 박람회와 유사한 기능과 함께 검증 기관으로서의 과제도 포함하고 있다. 여기서 언급된 특성 때문에 사회 박물관은 비역사적인 현재적 박물관이자 미래 지향적인 현재 기록 중심관이라 칭해져야만 한다"(Ebd., 213).

포저는 출판업자 하인리히 푸도어(Heinrich Pudor)가 1910년 「박물관 학교」라는 제목의 논문에서 사용한 "현재적 박물관"(Gegenwarts-museum)이란 표현을 다시 사용한다. 그의 텍스트에는 박람회 문헌 및 박물관 문헌 유형이 거론되는데, 이는 19세기 말 이후부터 박물관 비평 및 개혁 담론의 중심 주제를 이룬다. 고전적 박물관은 동시대의 관찰자에게는 죽은 수집소처럼 기능하며, 이는 마치 무덤과 같아서 현실적, 현재적 과제인 기술, 산업, 농업, 수공업과는 아무런 관련이 없다. 이는 "문화-시체 저장소"이며, "생명의 숨"이 아니라 "부패의 호흡"만이 나온다(Pudor 1910, 250). 하지만 현재적 박물관은 두 가지를 수행해야 한다. 첫 번째는 동시대적인 주제를 다루고, 이 주제를 기초에 두어야 한다. 두 번째는 방문객의 관심을 깨우고 그에게 좋은 정보 전달 기능을 수행하기 위해 전시의 생생함에 가치를 두고, "활동적인 생명 자체"를 보여 주어야 한다(ebd., 249). 푸도어는 스스로 강조하듯이 이 생동성이란 무엇보다 시연이라고 본다. 도기공과 직물가의 생각, 예술가 아뜰리에의 방문은 체험 박물관을 만들어 낼 것이다. 그는 이러한 생각이 지금까지 두 가지 사례에서 실현된 것으로 본다. 하나는 영리한 상인들이 창문에 카페트 직조공이나 담배 마는 사람을 종종 그려 넣었는데, 이러한 이들의 시도에서 볼 수 있고, 다른 하나는 하젤리우스의 "민속 박물관"에 대한 생각 속에 있다. 그는 이 생각을 스칸디나비아 여행에서 알게 되었다. 푸도어는 이를 통해 고전적 박물관과 박람회, 사회 박물관과 같은 새로운 박물관 형식 사이에 있는 긴장을 적절하게 표현하고 있다. 역사 회고적인 고찰 방식을 가지는 상설 박물관은 한편으로는 푸도어가 주석에서 언급했고, 1900년경 오락 시설 계열에 포함되는 것으로 간주되는 "필름 카메라"와 같이 새로운 정보 전달 기술과 표현형식에 자신을 맞춰야 한다. 다른 한편으로 그의 텍스트에서는 박물관 개혁 운동, 푸도어가 속해 했던 생활 개혁 운동이 무엇과 투쟁해야 하는

지가 분명하게 드러나 있다. "산업국가로의 교육"은 필수적이고, 이는 "가장 시급하고 중요한 과제들" 중 하나이다. 동시에 이러한 교육은 기초적인 문화 기술 및 인간의 가장 근본적인 욕구 충족을 필수적으로 만들며, 이를 통해 "생과 생을 화해시킨다"(ebd., 251).

푸도어의 "생생함의 요구"는 이미 위에서 서술된 것처럼 박물관 내에 대상을 그 주변 환경 속에 배치하려는 노력, 입체 모형, 전체적 그림, 그리고 양식 공간과 결합해 있다. 푸도어가 내세우는 생생함의 표상이란 그가 카페트 직조공에 대한 관찰에서처럼 대상이 만들어지는 과정을 보여 주는 창문 그림보다 더 나아간다. 그는 이미 산업박람회에서 선보였던 생산과정, 생산자의 다양한 숙련 정도의 전시를 이에 연결시킨다. 지속적인 변경, 대상의 현재성, 진열 변경을 진열창과 비교하는 것은 그에게 의미가 있다. 왜냐하면 이는 새롭게 생겨난 소비 세계이자 상품 세계이며, 이들은 여기서야 비로소 구체화되고, 파케가 말한 것처럼 전체적인 전시 원칙을 위해 발명되었기 때문이다. 장점이 많은 전시, 상품의 연출, 상품의 지속적이고 빠른 교체는 1900년경 사물 전시와 관련된 결정적인 기준이라 할 수 있다(König 2009). 1910년경 푸도어가 "현재적 박물관"이란 개념을 개발할 때 이 개념은 두 가지 방식으로 이해될 수 있었다. 한편으로는 현재적인 주제에 집중하는 새로운 건립이고, 다른 한편으로는 존속하는 박물관 개혁과 관련되었는데, 이는 거대한 규모로 이뤄져야 한다.

기술적 주제라는 정보 전달을 위한 뒤늦은 노력으로부터 생겨난 이 새로운 건립은 1906년 첫 번째 국가 기술 박물관인 뮌헨의 독일 박물관이 건립되면서 이루어졌다. 이 박물관 또한 이미 언급된 산업 및 직업에 대한 다양한 전시 노력들로부터 출발한다. 그 원형이 바로 1882년 뮌헨 전기 박람회였는데, 이는 새로운 종류의 기술 전시였고, 이를 광범위한 대중에게 수용 가능하고, 소망 가능하게 만들었다. 박물관은 또한 다른 모범을 참조했는데, 그 조직 관리자는 영국 및 프랑스 여행을 통해 이들 모범을 배웠다. 1851년 만국박람회에서 유래한 남 켄싱턴 박물관(South Kensington Museum)은 한편으로는 오늘날 과학 박물관이라고 알려진 그런 박물관에 속하면서도 다른 한편으로 공예에 집중하는 빅토리아와 알버트 박물관과 같은 부류에도 속한다. 실험적이던 뮌헨 박물관의 원래 명칭은 "자연과학과 기술의 명작 박물관"(Museum von Meisterwerken der Naturwissenschaft und der Technik)이었고, 기술을 정당화하고자 했다. 박물관이 일찍이 고대와 예술 대상들의 고전적 교육 모범들을 보유하면서 민족 역사와 그것의 현재화에 집중했다면, 기술은 아직 자율적이고 문화적으로 중요한 영역임을 스스로 증명해야 한다는 압력에 놓여 있었다. 명작에 대한 담론은 예술 고찰 개념에서 빌려 온 것이고, (기술적) 인공물이 가지는 목적으로부터 자유로운 감탄을 강조했다. 이 시기 모든 개혁 노력에도 불구하고 뮌헨 박물관 개념은 민족 교육 시설이었지만 뮤즈의 전당과 같은 동일한 중요성을 부여받을 수는 없었다. 왜냐하면 정신과학은 자연과학 및 기술과학보다는 본질적으로 더 높은 타당성과 지도력을 가졌기 때문이다. 그럼에도 푸도어가 "생과 생의" 화해라고 말한 것, 가속화 과정과 기술적 발명—열차, 전화, 자동차, 라디오—로 대표되는 현대로의 진입은 여기 그 실현에서 일정한 우쭐함과 자기의식에 의해 이루어졌다. 그래서 독일 박물관이 다양한 관심 그룹의 협력에 기반을 두고 있다 해도 이는 놀랄 일이 아니다. 여기에 독일 엔지니어 연합(VDI), 뮌헨 기술대학, 독일 제국이 참여했다. 초석을 놓는 계기로 박물관의 초기 관장인 오스카 폰 밀러(Oskar von Miller)는 다음과 같이 말했다. "오늘날 위대한 시인의 이름이 그의 작품을 통해 민족에게 신뢰받고 알려졌다면, 수많은 회화 갤러리에서 라파엘, 티치안, 루벤스의 불멸의 명성이 계속 살아 있다면 […] 이제부터는 후속 세대의 과학과 기술의 대가에 대한 기념이 이루어지고, 이 위대한 성과들에 대한 이해가 민족에게 알려져야 한다"(zit. n. Menzel 2001, 95). 모든 연령층의 방문객은 기술과 자연과학의 대가에 대한 기념, 무엇보다 민족적 기념, 그리고 진보에 대한 신념의 표현과 "기술에 대한 사랑"(ebd., 94)을 학습해야만 했다. 그러므로 박물관은 기술의 전당과 명작들의 수집 사이에 위치해 있었다 (Füßl 2003, 82-83). "보편 민족 교육을 위해 특별히 중요하게 보이는" 그러한 대상들이 전시되어야 한다고 1929년 오스카 폰 밀러는 말한다. "자연과학의 수학, 천문학, 물리학, 화학, 지질학-교통 영역의 도로, 철도, 운하, 원거리 수송 수단, 배, 비행기들-수많은 광산 산업, 건축, 동력기"(zti.n. ebd., 89) 등이 그것이다.

한편으로는 산업의 대변자, 다른 한편으로는 개혁과 정보 전달을 위해 노력하는 시설이라는 정체성 사이에 서 있는 이러한 현재적 박물관은 오늘날까지 자신을 보존하는 특효약을 가지고 있다. 박물관은 항상 변화해 가는 기술적 기초의 속도에 대응하기 위해 다양한 후원 단체로부터 오는 개인적인 후원에 기반을 두었다. 다음은 독일 박물관을 준비하는 과정에서 나온 이야기로, 한편으로는 가치 있는 전시 대상을 위한 광범위한 후원을 약속해야 하면서, 다른 한편으로는 과다한 대상 수집물을 통제해야 하는 갈등을 보여 주고 있다. 엄청난 레일 단면도 수집물들이 도착하자, 이들이 "산업박람회의 장식물"로 간주될 수는 있지만 "학문적인 박물관"을 위해서는 쓸모가 없다고 오스카 폰 밀러는 1904년에 적으면서도(zit. n. ebd., 85) 이들을 되돌려 보내지는 않았다. 스스로를 박람회와 거리를 두면서 학문적인 박물관으로 자리매김하려는 노력들은 이러한 언급 속에서 표현된 산업박람회와 학문적 박물관의 요구 사이에 있는 간접적 대립을 보여 주고 있다. 독일 박물관은 동시대인들에게 아직은 통일될 수 없는 것으로 간주되던 문화와 기술을 통합하려 했다. 왜냐하면 박물관의 과제는 사물들을 지속적으로 수집, 보존하는 것이고, 그의 학문성이란 보존 및 대상에 맞게 기획된 수집의 체계성에 놓여 있기 때문이다. 하지만 또한 자본주의화된 세계를 박물관 속으로 들이는 것도 중요했다. 이러한 세계의 기초가 항상 새로운 생산물의 더 이상 끊어질 수 없는 연결 고리를 형성하는 반면, 박물관은 자신의 과거 기록이라는 과제, 자신의 제한된 보관 능력, 선별된 대상을 위해 기준으로 지정하거나 분류를 위해 그것을 범례적인 것으로 이해하려는 자신의 개념과 보조를 맞출 수 없다.

현재적 박물관이 보편적으로 수용되면서 (시민적) 문화의 가치 기준 속에 자리잡기 위해 애쓸 때, 그것은 산업박람회로부터 방문객들을 매혹시키고 끌어들이는 전시 기술 및 시각적 효과가 가지는 경험적 장점을 받아들였다. 현재적 박물관은 방문객을 진열된 대상들의 재빠른 변화 및 다양성에 매혹되면서도 이들을 관찰하고 배울 자세가 되어 있는 활동적인 관찰자라고 보았다. 그래서 18세기 말부터 이미 존재하던 박물관은 근본적으로는 더 이상 이해되지 않았고, 그래서 결정적으로 개혁되어야 한다고 여겨졌다. "박물관 개혁"이란 개념은 전처럼 사용되고 있고, 오늘날에도 자신의 구조에서 변화될 수 있는 그러한 박물관을 지칭하고 있다. 하지만 그것은 좁은 의미에서는 1880년과 1930년 사이 기간에 이루어진 시대에 맞는 박물관다운 박물관에 관한 논의와 관계하고 있다(Joachimides 2001).

이번 20세기는 박물관에 대한 다양한 제도화 노력들이 있었다. 박물관의 수를 개혁하기 위해 이미 언급된 뮌헨의 독일 박물관처럼 새로운 박물관들이 건립되었을 뿐 아니라 시대에 맞는 박물관의 전문화를 위한 회의, 잡지, 단체들이 탄생했다. 1903년에는 "민족 교육 시설로서의 박물관"이라는 이름으로 노동자 복지 시설을 위한 회의가 열렸다. 2년 후에는 『박물관론(*Museumskunde*)』이란 잡지가 창간되었다. 이는 매우 다양한 박물관들을 대상으로 했고, 당시 드레스덴에서 활동한 예술사학자 카를 쾨챠우(Karl Koetschau)에 의해 시작되었다. 쾨챠우, 구스타프 파울리(Gustav Pauli), 게오르그 스바르쩬스키(Georg Swarzenski)의 제안으로 1917년 프랑크푸르트의 슈테델 박물관에 독일 박물관 협회가 세워졌다. 첫 번째 조항 1번 항목은 다음과 같다. "연맹은 독일의 예술사 및 문화사 박물관들의 연합, 박물관 작업의 지원 및 박물관 직원들의 직업적 명예와 공적 공간에서의 의무와 권리의 대변을 목적으로 한다."[1] 이미 "예술사 및 문화사 박물관"이란 지칭부터가 오래된 박물관의 개혁이 필요하다는 점을 말하고 있으며 여기서 예술 박물관이 특수한 지위를 가진다는 점을 드러내고 있다.

　박물관 협회의 주도자 중 한 명인 구스타프 파울리는 설립 당시 함부르크 쿤스타할레 박물관의 관장이었는데, 그는 2년 뒤에 박물관 협회의 논문집인 『예술 박물관과 독일 민족(*Das Kunstmuseum und das Deutsche Volk*)』에서 「미래의 예술 박물관」이란 제목의 논문을 발표했다. 여기서 그는 중요한 현대적 예술 박물관의 측면을 제시했다. 모든 개혁적 노력과 같이 중심점은 시대에 맞는 전시를 위한, 그리고 더 이상 전문가의 향유를 위한 것이 아니라 민족의 교육에 봉사하는 제도의 교육 기능을 위한 박물관의 설립이었다. 여기서 민족이란 두 가지를 지칭한다. 첫 번째로 지금까지 박물관과 거리가 멀었던 사회계층들, 노동자와 그의 가족들, 두 번째로 "독일 민족"이란 박물관이 새로운 과제를 떠맡게

1　비교: www.museumsbund.de/de/wir/geschichte/die_anfaenge/. 2011년 3월 14일에 마지막으로 확인된 페이지이다.

될 새로운 공화국의 새로운 전체이다. 이미 강연, 조직화된 그룹 여행 및 전문적인 안내 등을 통해 박물관 개관을 선전했던 알프레드 리히트바르크(Alfred Lichtwark)를 언급하면서 파울리는 무엇보다 교체 전시의 가치를 강조한다. "이러한 전시에서 우리는 관람의 가장 가치 있는 수단들 중 하나를 보아야만 한다"(Pauli 1919, 17). 핵심은 아직 방문하지 않은 방문객들에게 자신을 개방하여 이들의 관심 일반을 일으켜야 하는 박물관의 새로운 구성이다. 좀 더 밝은 전시, 예술사의 우위가 아니라 눈의 우위에 따른 전시, 방문객의 예술사 및 문화사적 지식에 호소하는 것이 아니라 그의 지각에 대한 호소가 지배적이어야 한다(Joachimides 2001, 189). 파울리에게 박물관은 "현대적인 사회적 심성(Gesinnung)의 창조"로서 "[…] 박물관은 누구나 정당화의 검증 없이도 침묵의 교훈이 가지는 장점을 맛보게 한다"(Pauli 1919, 3). 파울리가 "명작"의 개념을 정교화하고, 양질의 가치 있는 예술 작품이 특별한 효과를 가질 수는 있지만 명작으로 인정하는 규정이 각 시대에 따라 달라진다고 논의하는 것은 흥미롭다. "우러러볼 만한 과거 작품 수가 지속적으로 변화되고 많아지고 있다"(Ebd., 4). 1900년경에 박물관의 자기 문화에 대한 이해는 더 이상 초시간적이 아니라 개선과 현재화의 새로운 양태에 기초를 두고 있다. 이는 파울리에게 교체 전시가 중요한 의미를 갖는 이유들 중 하나이다. 왜냐하면 교체 전시는 박물관을 "현재의 생명"에 연결시킬 수 있기 때문이다(ebd., 4). 동시대적인 예술 또한 이러한 모토 아래 박물관 속에 배치되어야 하며, 그 작품들은 "현재의 살아 있는 가치들"이어야 한다(ebd., 7). 파울리에게는 지금까지 예술사와 그 체계의 전시에 묶여 있던 박물관이 관람자의 현대적인 욕구에 부응하는 것이 중요했다.

　오스카 폰 밀러가 그의 수집 대상들에서 기술, 특히 학문성을 강조한 반면, 몇 년 후에 파울리는 이 점보다 방문객의 욕구를 전면에 놓았다. 그에게 학문적 박물관의 원형은 19세기 "전문가 박물관"이며, 이는 전체 "역사적 발전"의 객관적 서술과 완전성을 목표로 하며, 전문가들을 지원하고, "오래된 수집 목록에서 여러 부분을 교정해야 한다"고 보는 "비판적 목록"을 최고의 목표로 여겼다(ebd., 6). 그래서 박물관 개혁 노력에서 가장 중요한 요구는 현재를 결합하는 것, 박물관을 방문객의 욕구에 따라 형태화하고, 방문객이 예술 체험과 관람에 민감하게 만드는 것이다. 파울리는 박물관의 역사를 그것의 당위적 목표와 대조하면서 이를 서술하는 것이 아니라 박물관의 역사를 인격화하는데, 이 점이 흥미롭다. 그는 "박물관을 지원하고 그에 혼을 불어넣었던 문화적 주체"에 따라 박물관을 세 유형으로 구별한다. 군주의 수집물은 한 사람의 사적 수집물이며, 그것은 "재현적이고, 개성적이고, 고유 의지에 따른 것이고 무비판적이다"(ebd., 5). 19세기에 박물관이 국가의 문화 과제에 포함될 때 다른 인격 그룹이 등장하게 되는데 그것은 바로 "공무원"이며, 이 그룹은 "박물관을 자신의 정신으로 물들인다". 이것이 전문가 박물관으로서, 이는 지식으로 보면 명료하고 풍부하며 박물관의 전문가가 자신의 지식을 무엇보다 역사에 맞추고 지식을 이용해 체계를 완성하지만, 그러는 가운데 방문객의 직접적인 생활 세계를 고려하지 않기 때문에 현재적 관점에서 볼 때 그 목표는 바람직하지 않다. 전문가 박물관으로부터 이제 세 번째 단계로 민족 박물관이 태어나게 되는데, 이 박물관은 누구나 찾을 수 있고, 누구나 활동할 수 있으며 대상에 대한 사랑을 발견하게 된다. 이 장소에서 수집물들은 "지역적 요구로부터 유래한다"(Lichtwark 1902, 17). 이미 알프레드 리히트바르크는 함부르크 쿤스트할레의 첫 번째 관장으로서 박물관을 교육기관으로 간주해야 한다고 언급했다. 이 기관에서는 "자기 시대의 예술과 만나고

자” 하는 욕구가 지배적이어야 하며, 그래야만 “옛 예술 소유물의 내적인 관계”가 성립될 수 있다(Lichtwark 1991, 46). 리히트바르크는 박물관 개혁을 주도한 중심인물들 중 한 명으로서 무엇보다 동시대적 예술을 증진하고 폭넓은 공중에 접근 가능하게 만드는 기획을 추구했다. 그의 기획과 제안은 상설 박물관의 진열 방식으로부터 벗어나야 한다는 소망을 이야기한다. 이러한 교체 방식은 단 한 번 진열되는 것이 아니라, 계속 바꾸는 것으로서 몇몇 사람이 아니라 많은 사람들을 매혹시키게 된다. 이는 기존 전시 문화에서 많이 비판되던 측면, 즉 섬세하게 느끼는 전문가의 지식 가득한 시선과 배우고자 하는 일반인의 열린 시선을 결합하고, 그래서 박물관을 동일화의 장소로 만들고자 하는 소망이다. 리히트바르크는 이를 1904년에 기술했다. “박물관이 화석화되지 않으려면, 자기 자신을 바꿔야만 할 것이다. 각 세대는 박물관에게 새로운 임무를 부과하고, 새로운 기능을 요구할 것이다”(Ebd., 47). 동시대적인 예술을 박물관에 수용하여 교체 전시를 도입하고자 하는 생각과 함께 19세기에 박람회적 성격이 예술 박물관 속에 도입되었다.

5

박물관 비판과 박물관 유토피아

박물관 비판

요한 볼프강 폰 괴테는 자신의 고찰인 「라인강, 마인강, 네카강에 있는 예술과 고대(*Kunst und Alterthum am Rhein, Main und Neckar*)」에서 박물관의 생동성을 다음처럼 기술했다. "보물들보다 계속 확장되는 이 수집이 관람객들을 더 매료시키는 이유는 거기서 느껴지는 생동성 때문이다. 모든 영역들이 움직이고 있다. 모든 곳에 새로운 것이 추가된다. 모든 것이 더 명확해지고 개선된다. 그래서 해마다 사람들은 창조적이고 질서 정연한 정신에 대해 더욱더 경탄하게 된다"(Goethe 1833, 383). 괴테에 의해 서술된 생동성은 대상들의 새로운 유입에 대한 생동성, 더 나은 발전과 완성을 약속하는 풍부함을 통한 지식 성장의 생동성이었다. 그것은 정돈된 질서에 대한 만족, 관람을 위해 한곳에 조화롭게 모아진 숙고된 체계에서 느껴지는 미학에 대한 만족을 증언했다. 18세기, 수집이라는 생각에서 유래된 박물관의 이상은 20세기 초반 상황과 엄청난 대조에 놓여 있다. 이제 박물관에는 이중적인 부담이 놓여졌다. 박물관은 한편으로는 계속 수집하고, 보존하고, 보호해야 하며, 다른 한편으로는 지진계로서, 시대의 맥박에 닿아 있고, 현전하는 생활을 담아야 하며, 알맞게 이를 지원해야만 한다. 그것은 전시의 생동성, 현재를 수집한다는 요구, 사고 방지와 같은 시급한 질문에 대한 답변을 제시해야 한다. 이러한 부담 속에서 우리의 오늘날 박물관 이해의 시작이 놓여 있다.

박물관에 현재가 포함되어야 한다는 요구는 특정한 시점에 이루어지지 않았고, 특정한 대상에 대해 이루어진 것도 아니며, 오히려 여러 장소에서 동시적으로 일어났다. 이러한 발전의 선구자들은 두 가지 논증을 결합했는데, 말하자면 박물관은 자신의 제의성(Feierlichkeit), 세속화된 교회 공간이자 헤겔적인 예술 향유의 전당이라는 두드러진 기능을 잃어버렸고, 또한 젊은이에게 이롭기보다는 해로운 역사와 그 세부의 무덤이라는 점이다. 발터 그라스캄프(Walter Grasskamp)는 "박물관 건립자"와 "박물관 반대론자"의 명확한 대립 속에서 이러한 비판을 제시했다. 그는 프랑스 혁명으로부터 박물관 건립이 시작되고, 100년 뒤 전위예술가들이 박물관 반대를 시도한다고 보고 있다(Grasskamp 1981). 이들의 비판은 니체와 관련되며, 니체는 이미 19세기 후반에 생을 위한 역사의 유용성과 무용성을 논의하면서 현대 인간이 관찰자의 입장에 선다는 점에서 역사성의 과도라는 문제를 지적하고 있다(Nietzsche 1988, Bd. 1, 279). "젊은이가 역사를 따라 걷는 것처럼 그렇게 우리 현대인은 예술 전시실을 따라 걸으며, 그렇게 우리는 콘서트를 듣는다. 사람들은 좋게 느끼지만, 이는 저것과는 다르게 들리고, 그것은 저것과는 다르게 작용한다. 이러한 낯선 감정에서 좀 더 벗어나는 것, 어떤 것에 대해서도 과도하게 놀라지 않는 것, 그래서 끝내는 모든 것을 마음에 들어 하는 것, 이를 우리는 역사적 감각, 역사적 교양이라 부른다"(Ebd. 299). 인용한 텍스트를 공개하기 1년 전인 1873년에 쓴 유고 단편에서 니체는 이러한 고리타분한 역사 이해와 그에 속하는 전문가를 좀 더 자세히 서술한다. 고리타분함은 그에게 자료 수집, 완성이란 목표만 가지고 아주 작은 일들을 나열하는 것이다. 고리타분한 전문가는 "근거리의 예리함"을 가지지만, 모든 커다란 연관을 시선에서 놓친다(Nietzsche 1988, Bd. 7, 628). 그래서 그는 과거 속에서 모범이라 할 수 있는 위대하거나 고전적인 것을 보지 못한다. 오히려 그의 역사 감각은 생에 대립해 있다. "모든 예술 전시실과 도서관을 불태우게 되면, 사람들은 [과거의 위대한] 성취를 바로 이루게 된다"(Ebd., 636). 중요하지 않은 상세를 드높이고, 이를 중요하게 여겨 오히려 역사의 기념비적인 면을 잊어 버린다면 보존해 온 고유한 박물관 공간이 반어적으로 완전히 효과를 잃어버리게 되는데, 왜냐하면 더 이상 "사물들의 서로 간의 비율"이(ebd., 683) 존재하지 않기 때문이다. "수집광증"이 (ebd., 683) 지배하게 되고, "모든 과거적인 것"이 이제는 "다채로운 사냥감으로 놓여" 있게 된다(ebd., 682). 역사, 상세함, 대상의 그러한 넘쳐 남은 인간을 게으름뱅이로 만든다. 그는 관람자가 되어 더 이상 박물관에 의해 자극받지도 않으며, 하물며 행위를 할 수도 없다. 사람들이 니체의 언급을 박람회 팽창과 박물관 개혁의 노력이라는 배경 속에서 읽는다면, 이 언급은 한편으로는 고리타분한 생각과도 관련될 수 있고, 다른 한편으로는 마찬가지로 넘쳐 나는 전시 상품 세계의 상태 서술로도 이해할 수 있다는 점이 흥미롭다. 두 가지 점에서 사물들은 서로 간의 어떠한 비율도 가지지 않으며, 다채로운 사냥감으로만 존재하고 있다. 높아지는 역사 관련과 과도한 현재 관련은 동일한 문제를 두고 싸우고 있는 것처럼 보인다.

폴 발레리(Paul Valéry)에 따르면 문제는 박물관이 게으름뱅이의 장소가 될 수 있다는 것, 그리고 박물관이 현대인에게 피상성의 선고를 내렸다는 점에 놓여 있다. 그는 루브르 박물관을 알아가면서 그 과도함을 더 이상 감내할 수 없었다. "우리의 보물들은 우리를 짓누르고 우리를 어지럽힌다. […] 성이 아무리 넓은 공간이고 그렇게 조화롭게 정돈되어 있다 해도 우리는 항상 이 갤러리에서 자신을 잃게 되며 너무나 많은 예술에 대해 절망하게 된다!"(Valéry 1959, 56-57). 그에 따르면 현대인의 결점은 주의를 집중할 수 없는 무능에 놓여 있으며, 박물관은 이 점에서 현대인을 돕지 않는다. "우리의 유산들이 우리를 짓누른다. 오늘날 인간은 스스로 만든 기술적 수단의 엄청난 힘 앞에서 숨이 넘어가면서, 자신의 과도한 부유함으로 가난해지고 말았다"(Ebd., 56). 그렇기 때문에 박물관은 전시물의 혼돈스러운 나열, 시선의 동시성 속에서 자신을 드러내고 있다. "눈부시게 하얀 흉상은 동으로 만든 격투자의 다리 사이로만 볼 수 있다"(Ebd., 52). 인상의 다수는 더 이상 정돈될 수 없다. 발레리에게 박물관은 인간의 분산만을 목적으로 하며 구원 없이 인간을 몰아세우는 현대에 대한 근본적인 비판의 한 예이다. 니체와 같이 발레리는 궁극적으로 이 제도를 신뢰하고 있으며, 둘 모두 리히트바르크와 파울리가 생각했던 것과 같이 이 장소의 개혁을 환영했을 것이다. 그래서 발레리에게 박물관은 단순히 죽은 대상들로 가득 차 있는 것이 아니라 이들 대상들이 서로를 잡아먹고 있다. 박물관의 문제는 서로 관계없는 것들, "개별적으로 즐거움을 일으키기 위해 창조되었지, 목록 번호와 추상적인 제목에 따라 모이도록 창조되지는 않은" 사물들을 병행해 놓은 것에 있다(ebd., 55).

"박물관이란 재앙 같은 존재로부터 연명하던 과거에 대한 속물근성적 숭배와 투쟁하면서" 미래주의자들은 세기 초에 박물관 비판 진영 내부에서도 가장 극단적인 입장을 취했다(Boccioni et al. 2009, 95). 필리포 토마소 마리네티(Filippo Tommaso Marinetti)는 1909년 미래주의 선언에서 다음처럼 요구한다. "우리는 모든 종류의 박물관, 도서관, 학교를 부수기 원한다"(Marinetti 2009, 78). 국가는 "수많은 무덤처럼 점점 더 국가를 뒤덮고 있는" "수많은 박물관으로부터" 해방되어야 한다. "박물관은 공적인 수면 공간으로, 여기서 사람들은 항상 증오하거나 알려지지 않은 것들 옆에서 잔다!"(Ebd., 78) 마리네티는 또한 개별 대상 속에서 어떠한 교육적 가능성도 보지 않는다. "오래된 그림에 경탄한다는 것은 우리의 감수성을 창조와 행위 속에서 더 넓고 강력하게 빛을 발하게 하는 대신, 그것을 재떨이 속에 턴다는 것이다"(Ebd., 79). 모든 "옛 것"은 낡았고, 그것을 직관하기만 하면 우리의 행위는 멈추게 된다. "실제로 박물관, 도서관, 학교(헛된 노력이 담긴 무덤들, 십자가가 서 있는 골고다 언덕, 실패한 도약 목록들)를 매일 방문하는 것은 예술가들에게 해롭다. 이는 부모들이 많은 젊은이를 너무 오랫동안 보호해서 이들의 천재성과 야망의 의지가 잠식당하는 것과 같다. [⋯] 우리 중 연장자는 이제 30세다. 우리의 작품을 만들어 내기 위해 우리에겐 적어도 10년이 남아 있다. 우리가 40세가 되면, 다른 더 젊고 더 유능한 사람들이 우리를 가만히 있는 쓸모없는 서류처럼 휴지통에 던질 것이다. 우리는 그것을 소망한다!"(Ebd., 79) 마리네티와 함께 "아방가르드"는—그는 이 개념을 주조했다고 내세운다—박물관을 심각한 위협으로 파악하면서도, 이 제도를 진지하게 여겼다. 사람들이 미래주의를 산업적 문명의 역동성에 대한 미학적 선언(Schmidt-Bergmann 2009, 14)이라고 이해한다면, 박물관은 더 이상 빠름, 기계, 산업, 연기와 통합될 수 없는 것이었다.

박물관은 무모한 우쭐함이 증명될 수 있거나 위험이 도사리고 있는 장소가 아니다. 어느 누구도 영화감독 장뤼크 고다르(Jean-Luc Go-dard)처럼 이를 더 적절하게 표현하지 않았다. 그는 자신의 영화《국외자들》(Bande à Part)에서 세 명의 배우가 루브르 박물관에서 달리기 경주하는 장면을 담는다. 이들이 꿈꾸고 있는 큰돈을 벌 계획 전에 오딜(Odile), 아르튀르(Arthur), 프란츠(Franz)는 해가 지기 전까지 시간을 죽여야 한다. 프란츠는 전에 한 미국인이 루브르 박물관을 9분 45초라는 기록적인 시간으로 관람했다는 신문 기사를 읽었고, 세 사람은 이 기록을 깨기로 결의한다. 우리는 세 사람이 회화 갤러리를 달리고, 관리자가 헛되이 이들을 제지하려고 시도하고, 이들이 천천히 걷거나 집중하면서 관람하는 수많은 박물관 방문객을 지나쳐 끝내 마지막 점프로 계단을 내려오면서 9분 43초라는 기록에 도달하는 것을 보게 된다. 그래서 이들은 샌프란시스코에서 온 지미 존슨(Jimmy Johnson)의 기록을 깬다.

이 짧은 장면에서 예술은 부정된다. 박물관은 달리기 코스로 뒤바뀌면서 옛 작품들이 젊은이들에 의해 무시되고, 공간의 잠은 이들의 시끄러운 생동성으로 중단된다. 이때의 루브르 박물관은 단순히 달리기 경쟁 장소로 이용될 뿐만이 아니라 세 젊은이의 범죄 감행을 위한 통로로도 이용되고 있다. 영화의 이 장면은 니체의 예리한 비판처럼 보인다. 니체는 역사적인 것의 과도함을 비판하고, 젊은이가 역사를 통해 채찍을 맞는다고 이야기한다(Nietzsche 1988, Bd. 1, 299). 영화 속의 젊은이들은 채찍을 맞지는 않지만 재빠른 달리기를 통해 회화의 역사를 지나치면서 부모의 전통과 결별하고 그 자리에 자신의 생활공간인 거리, 강, 도시를 놓는다. "루브르를 불태워라"는 함성은 여기서 박물관에 대한 적극적인 무시 행위를 통해 적절하게 표현되고 있다.[1] 박물관을 불태워선

---

1 잡지 『새로운 정신(L'Esprit Nouveau)』는 1920년에서 1925년까지 발행된다. 무엇보다 아메데 오장팡(Amédée Ozenfant)과 르 꼬르뷔지에르(Le Courbusier)에 의해

안 되고, 이 신성한 장소를 경주 코스로―그들이 차를 가지고 무모한 속도로 달리는 도로처럼―오용하는 것으로 충분하다.[2] 도로는 속도에 관계하지만, 박물관은 그렇지 못하다. 그래서 영화는 현재를 박물관 속에 담으라는 박물관 개혁의 주제를 수용하고 있다. 새로운 세대는 박물관으로부터 더 이상 무언가를 배우려고 하지 않는다. 현대적 시대와 그 시대를 살아가는 젊은이와의 보조를 맞추려는 박물관의 기획은 적어도 고다르에 따르면 실패하고 말았다.

박물관과 먼지에 파묻혀 현재에는 쓸모없는 장소인 영묘(靈廟) 간의 상호 연상 관계는 진보, 속도에 의해 규정된 시대에 생겨나기 마련이다. 이 연상 관계는 더 나은 생, 형성된 이상향과의 동일화가 더 이상 예술이나 민족 속에 놓여 있는 것이 아니라 세속적인 것을 기술적인 실행 가능성을 통해 완성하는 것에 놓여 있는 시점에 생겨난다. 그래서 입장이 다양하다 해도, 이들 모두는 1800년경에 더 나은 인간으로 이끈다는 약속을 실현할 줄 모르는 박물관에 대해 실망하고 있다. 하지만 동시대의 비평가들, 삶의 예술가들, 철학자들은 박물관의 유토피아적 잠재성을 믿었고, 이를 중단하지 않았다.

간행되었는데, 이 잡지는 1920년 12월 3호에서 루브르를 불태워야 하는지에 대한 질문을 던졌다. 다음 호부터는 선별된 답변들이 공개되었는데, 찬성과 부정이 모두 포함되었다. 가장 아름다운 답변들 중 하나는 1921년 5월 8호에 있다. "그것을 조용히 시도하십시오. 당신은 '소방관'이 적시에 오는 것을 보게 될 것입니다! 앙드리-파르씨(Andry-Farcy). 그레노브르 박물관 보존 관리인"(S. 962).

2 고다르보다 11년 전 아도르노는 발레리와 프루스트의 박물관 이해에 대한 에세이에서 다음처럼 적고 있다. 누구도 "여기저기서 매혹을 발견하기 위해 더 이상 박물관을 배회할 수 없다. 예술과의 유일한 관계는 관람자와의 관계이며, 그는 자신이 무엇을 원하는지, 두세 그림을 찾으면서 그림이 실제로 우상인 양, 그림 앞에서 집중해서 침잠할 것인지 등을 정확하게 알고 있다"(Adorno 1977, 194). 침잠, 오랜 고요 속에서 서 있음 또는 달리기―이 두 가능성은 여전히 남아 있는 것처럼 보인다.

박물관 유토피아

생과 예술, 현재와 박물관의 통일은 파울리와 리히트바르크에게 이미 명백했다. 푸도어의 "현재적 박물관"이란 개념은 과거적인 것을 (민속 박물관처럼) 현재적인 것으로 제시하거나 또는 현대인이 특별한 관심을 두고 있어 이들에게 적합한 방식으로 제시되는 주제나 대상을 준비하는 그러한 박물관으로 이해될 수 있었다. 자연사 박물관이든 예술 박물관이든, 적절한 전시 방식에 대해선 논란의 여지가 있었다. 수많은 논의는 여기서 단순히 체계와 진열만이 아니라 벽의 형태 또한 결정적인 기준이라는 점을 보여 주고 있다. 예술 박물관에서는 오늘날 우리에게 익숙한 하얀색 벽이 중립적이고 유연하며 그래서 그림 자체에 영향을 미치지 않는 배경으로 인정되기까지 1920년대 말까지 이 하얀색 벽에 대한 논의가 지속되었다(Joachimides 2001, 211-224). 하얀색 벽은 오늘날까지 표준으로 설치되어 있긴 하지만, 이 논의의 종결점은 아니었다. "체험 박물관"은 현재적 박물관에 연결되고, 한 걸음 더 나아간다.

　건축이론가인 지그프리드 기디온(Sigfried Giedion)은 "체험 박물관"이란 표현을 1929년 평론에서 다음 의미로 사용했다. 하나의 예술 작품의 인식에서 "살아 있는 세대와 관계되는 과거의 측면들을 강조하는 것"만이 중요한 것이 아니다. "새로운 박물관은 시대의 새로운 연대기가 되어야 하며 아직 움직임 속에 있고 움직이자마자 역사적 관 속에 안치되지 않는 그러한 사물들을 보여 줘야 한다"(Giedion 1929, 103/ 104). 그렇기 때문에 "동시대적 예술을 위한 수집"은 "실험실"로 세워져야만 했다. 그에게 이러한 실험실의 원형은 하노버 주립 박물관 (오늘날 슈프렝겔 박물관(Sprengel-Museum))의 "추상적 보관소"이다. 당시 관장인 알렉산더 도르너(Alexander Dorner)가 예술가 엘 리시츠키

(El Lissitzky)에게 그 구성을 맡겼고, 1926-27년에 완성된 이 공간은 추상예술 전시를 위한 공간이었다. 여기서는 이미 이루어진 박물관 개혁에 관한 논의처럼, 예술에 대한 긍정적인 서술, 무엇보다 시대에 맞는 박물관의 개념이 중요하다. 이는 한편으로는 기디온이 표현한 것처럼 새로운 예술 흐름에 빠르게 시선을 돌리는 제도 자체뿐 아니라 벽의 형태 구성에도 관계된다. 엘 리시츠키가 그림 전시를 위한 벽면을 허물면서 (그는 벽면에 나란히 좁게 수직의 철선을 놓았고, 한쪽에는 검은색, 다른 쪽엔 하얀색으로 칠했다. 그래서 벽은 지나칠 때 색깔이 변했다), 관람객의 보는 습관을 중지시키고 추상예술의 적절한 전시에 이르고자 시도했다. 벽은 더 이상 배경이 아니었고, 자율적 예술의 담지자가 아니라 공간 설치의 한 부분이며, 공간 설치 속에서는 모든 요소들이 중심이었다. 이제 고정된 시공간 질서를 해소하기 위해 벽은 시각적이고 촉각적인 특성을 얻게 되었다. 예술 작품의 고립된 관람을 위해 밀 수 있게 한 그림판, 철선이 끊어진 부분인 벽에 걸린 거울 또는 평평한 요소들 등의 다양한 형태화 요소들 이외에도 유리 진열장은 자신의 그림을 전시한 예술가들의 형태화된 업무용 서류, 카페트 견본 또는 창문 장식들을 보여 준다. 예술과 생, 예술과 일상이 여기서 만난다. 이러한 구성은 각 관람객의 일상 속으로, 특별한 관계 속으로 파고든다(vgl. Flacke-Knoch 1985, 64-77).

이러한 현재적 예술 발전에 알맞은 공간은 리시츠키에 의해 1923년 베를린과 1926년 드레스덴의 두 전시에서 기획되었고, 상설 전시로는 처음으로 하노버의 박물관에서 실현되었다. 기디온은 "체험 박물관"에 관한 자신의 텍스트에서 "오랫동안 표현주의를 새로운 회화로 간주하던 독일에서 처음으로 국가의 공공장소가 우리가 사는 시대를 상기시킨다는 점이 중요하다"(Giedion 1926, 106)라고 끝을 맺는다. 여기서 그에게는 오래된 예술을 박물관에서 추방시키는 것이 중요한 것이 아니다. 오히려 우리가 현재를 관련시킬 때에야 비로소 오래된 예술이 이해된다. 그의 공간은 이러한 관련을 통해서 능동적으로 역사화되며, 이러한 체험 제공을 통해 동시에 역사적인 요소가 발전한다는 점을 지적했지만, 기디온은 이러한 진보적인 전시 공간을 의식적으로 개념화한 것은 아니다. 그는 인간을 끌어모을 수 있고, 예술과 생을 합일 가능한 것으로 보여 주는 박물관이 열릴 것이라고 믿고 있다. 체험 박물관은 그에게는 교체되는 그림의 여러 계열 및 환경에 반응하는 수용체를 지닌 외부 표면을 지닌 건물이다. 이 공간은 전시 대상 관련 및 전시 방법 관련에 대한 실험을 시도한다. 기디온은 박물관에서 사라졌다고 본 "우리 시대의 새로운 시선"(ebd., 106)을 입체주의로부터 시작되었다고 여기는 추상예술과 결합시킨다.

그는 "새로운 시선"을 프랑스 예술가 아메데 오장팡(Amédée Ozenfant)의 『예술(Art)』에서 발견한다. "여기서는 매우 암시적인 방식으로 이 운동들[입체주의에서 초현실주의까지가 포함된다-저자]이 생과 가지는 내적 연관이 세심하게 선별된 사진 기록의 도움으로 밝혀지고 있다."(ebd., 106) 1928년에 발간된 오장팡의 이 책은 1931년에 독일어로 번역되어 과장된 제목『생과 형상화. 1. 20세기 결산. 문학, 회화, 조각, 건축, 음악, 학문, 종교, 철학. 2. 새로운 정신의 건립(*Leben und Gestaltung. I Bilanz des 20. Jahrhunderts. Literatur, Malerei, Plastik, Architektur, Musik, Wissenschaft, Religion, Philosophie. II Aufbau eines neuen Geistes*)』으로 출간되었다. 이 책은 철저히 다양한 예술 흐름들을 규정하는 원칙들을 밝혀 이를 종교, 학문과 결합시키려고 시도한다. 오장팡은 자신이 현대적이고 비인격적인 보편적인 형식들 속에서 찾았다고 믿던 인간의 표현들에서 그 근저에 놓인 구조 원칙을 찾으려 했다.

여기서 현재와 역사 속에 있는 보편타당한 일종의 형식언어의 발견이 중요했다. 오장팡의 책에서 흥미로운 점은 지금까지 비교 불가능하다고 여긴 대상들을 나란히 모사해 놓고 이들의 상호적 의미를 밝힌다는 점에서 의미 있는 그림 전략을 사용하고 있다는 점이다. 예를 들어 이 책은 전 역사적인 돌 유물을 인간의 가공 흔적들과 기계 기능 삽화와 함께 놓고(Ozenfant 1931, 186 f.), 방산충 사진과 콩고의 댄서 그룹의 사진(ebd., 280-281), 자전거 타는 여자, 비행선, 이집트 예술, 이집트와 러시아에서의 인간의 노동 장면들(ebd., 160-161)을 병행해 놓는다. 이러한 모든 비교의 목적은 한눈에 명백해지는 그림들의 형식-공동성이었다. 이는 전에는 결합되지 않던 현상들에 대해 새로운 비교 가능성을 제시했다. 이는 오장팡 이전에 이미 다른 예술가들, 예를 들어 라스쯜로 모홀리-나기(László Moholy-Nagy)가 그의 1925년 사진집 『회화, 사진, 필름(Malerei, Fotografie, Film)』에서 시도했는데, 이는 기디온이 간접적으로 언급한 핵심어인 동시성을 펼쳐 보인 것이다.

  기디온에 의해 강조된 연결 작업의 중심에는 통용되는 가치 부여를 넘어 새로운 질서 원칙의 발견에 대한 소망이 담겨 있다. 영원성이 중요했던 것이며, 이를 위해 오로지 역사만을 탐구해야 할 필요는 없으며, 과거의 예술과 새로운 예술, 기계와 유기적 형태를 서로 결합시키는 보편적 형식이 중요했던 것이다. 이러한 역사와 현재의 결합 방식은 다른 곳에서도 이루어졌다. 박물관은 원래 유물과 명작 등의 과거적인 것을 현재화하기 위해 과거에 건립되긴 했지만, 그것은 단순히 현재만을 구현하는 것이 아니라 또한 이에 미래를 포함시키고, 더 나아가 미래를 생성하려고 시도했다. 발레리가 박물관에서 동시성을 비판하고, 고립된 개별 향유를 더 이상 하지 못하던 바로 그 시기에 동시적인 보기(das simultane Sehen)가 박물관의 새로운 원칙으로 천명된다. 이 보기는 과거의 비교하는 시각에 의존하고 있지만 새로운 재생산 가능성을 포함하며, 전 세계적으로 퍼지게 되었다. "박물관 제도가 더 강해지면 강해질수록 이것의 폐지를 더 강렬하게 원할 것이라는 점을 20세기는 가르쳐 주었다"(Bredekamp 2000, Bd. 6, 46). 아마도 사람들은 다음과 같이 표현할 수 있을 것이다. 박물관을 더 많이 비판하면 할수록 그의 기획은 더욱더 변화 가득하게 될 것이다. 그중 하나가 바로 앙드레 말로(André Malraux)의 "상상의 박물관"이다.

오장팡이 자신의 책의 근저에 놓았고, 기디온을 매우 매혹시켰던 모사 원칙, 즉 그림들을 나란히 놓고 유사성을 발견하는 것, 즉 새로운 보기, 새로운 동시성이 말로에게는 "상상의 박물관"이 되었다. 이는 미래를 지시하는 새로운 박물관으로서 유사한 원칙들에 기반을 두었고, 여기서 이 원칙은 더 포괄적으로 사유되었다. 프랑스 저술가인 말로는 1947년 출간된 자신의 책 『상상의 박물관(Musée Imaginaire)』에서 예술의 특별한 역사를 제시한다. 이는 여러 세기를 걸쳐 박물관에 있는 명작들의 역사로서, 여기서 그는 박물관이 유럽 문화에 속하며 가장 최신의 발명이라고 증명한다. 시대의 기준이 되는 작품들만을 전시하던 19세기 박물관이 변화하면서, 그것은 "옛 박물관"이 된다. 말로는 이제 이 박물관을 그가 보기에 "새로운 박물관"을 구현하고 있는 "상상의 박물관"과 대립시킨다(Malraux 1956).

상상의 박물관의 중심에는 예술 작품들의 사진으로 인한 복제가 놓여 있다. 복제를 통한 복제품의 형식으로 원래는 고정되어 있거나(교회 유리창에) 또는 도달 불가능한 (멀리 떨어진 문화의 예술) 작품들이 모아질 수 있다. 이 복제는 관찰자에게 예전에는 비교 불가능했던 것의 비교를 가능케 한다. 복제된 작품들은 말로에 따르면 새로운 문맥을 얻고, 이 문맥은 작품들을 원래의 작품 연관에서 떼어 내어 형식사, 양식,

일정한 시대의 문맥 속에 놓게 된다. 그래서 상상의 박물관은 원래는 결코 우리가—여행을 하더라도—비교해서 볼 수 없었던 수천의 예술 작품들을 통합시키면서, 사진의 복제를 통해 우리에게 가능케 되었다. 동시에 상상의 박물관은 이제부터 도달 가능하게 된 복제 속에서 개별 작품들을 창조하기 시작한다. 이 작품들은 이전에는 서구 관람객들이 지각할 수 없었지만, 이제는 시공간의 지양을 통해 예술의 새로운 규준 속으로 들어오게 되었다는 점에서 "상상적"이다. 상상의 박물관은 복제를 통해 생겨나고 책 속에 나타난다. 말로는 이 책을 "복제 작품"이라 부른다.

그러한 복제품의 한 사례를 든다면, 우리는 예술사가이자 문화사가인 아비 M. 바르부르크(Aby M. Warburg)의 그림 모음집을 들 수 있을 것이다. 이 책은 이미 1920년대 말에 사진 복제를 통한 예술 작품의 종합 전시를 시도했다. 그의 기억-모음집(Mnemosyne-Atlas)은 미완성이었고 그래서 바르부르크의 생전에는 출간되지 않았다. 개별 주제 표의 마지막 부분을 채워 몇 년 전에 출간된 그림 모음집을 오늘날 보게 된다면, 새로운 매체인 사진과 영화가 박물관과 박물관 개념의 모든 유토피아적인 기획에서 얼마나 중심적이었는지가 분명히 드러나게 된다(Warburg 2000).

말로의 유토피아적 기획에서 사진 복제의 기능은 재빠르게 언급되었다. 첫 번째로 이미 위에서 언급되었듯이 사진 복제는 (시간, 역사, 공간, 동떨어진 문화 등을 통해) 전에는 다가갈 수 없었던 예술 작품들을 눈앞에 가져온다. 두 번째로 사진 복제는 크기를 조정하여 전에는 서로 관계시킬 수 없던 (세밀화와 카페트, 사진 복제 속 조각의 평평함, 흑백 사진의 통일화 과정 등의) 예술 작품들을 서로 비교 가능하게 만든다. 마지막으로 복제는 예술 작품을 전통에서 떼어 내어—이 점이 말로의 마지막 지점이다—많은 수의 복제품들을 나란히 놓음으로써 전에는 사람들이 볼 수 없던 구조를 가시화한다. 이로써 (새로운) 양식사를 가져오는 발전과 흐름들이 생겨나게 된다.

흥미로운 점은 책 속에서 기획된 새로운 박물관은 엄청난 양의 비교 가능 대상들, 그래서 19세기와 유사하게 전 세계를 포괄하는 것을 담고 있다는 것, 그래서 과거의 희망이 새롭게 등장한다는 점, 즉 전체, 총체성을 고찰할 수 있다는 희망이 등장한다는 점이다. 이 총체성은 실제로 작업하는 예술가에게 영향을 미치는데, 왜냐하면 그는 새로운 복제 기술에 의해 자극을 받아 다른 예술 작품 및 새로운 시각, 예를 들어 과거에는 숨겨져 왔던 스테인드글라스 예술의 강력한 선 등을 볼 수 있기 때문이다. 모든 것은 복제를 통해 비교 가능한 대상으로 놓이게 되고, 세밀화는 카페트와 책의 양쪽에 나란히 놓이게 됨으로써, 카페트만큼이나 커다랗게 된다. 새로운 박물관은 일종의 관람 기계로서, 이 속에서는 예술의 양식과 발전이 스스로부터 펼쳐지게 된다. 이에 대한 수단이 복제와 계열이다. 한 영화에서처럼(Malraux 1956, 42) 계열 속에서야 비로소 하나의 운동이 인식되고, 그 세부 과정이 추적될 수 있다. 말로에게 상상의 박물관은 사유 실험이자 소망할 가치가 있는, 미래에 만나게 될 포괄적 인식의 결과이다.

박물관은 상상적인데, 왜냐하면 그것은 우리 안에 있기 때문이다. 말로에게는 하나의 책이 중요한 것이 아니라 상상의 박물관이 우리 기억 중 하나라는 것이 분명하다. "『사랑으로 불타는 가슴(*Cœur d'Amour Épris*)』의 대가는 이제부터는 우리 박물관의 소유이다"(Ebd., 32). 박물관은 각자의 책임이 된다. 이것이 바로 이 텍스트의 중요한 메시지이다. 박물관의 개관은 무식자를 위한 개관이 아니라 항상 전문가와 지식인을 향해 있다. 가능성은 이제 포괄적이며, 처음으로 관람자의 관찰

범위에 지금까지 존재하지 않던 대상들이 제시된다. "하지만 우리의 지식은 오늘날 우리의 박물관 그 이상을 포괄하며"(ebd., 11), 그렇기 때문에 우리는 상상의 박물관을 필요로 한다. 새로운 박물관은 우리에게 시각이 최우선권을 가지는 그러한 곳으로 보이지만, 가장 심오한 지성적인 소유 과정을 작동시킨다(ebd., 63, 82). 우리가—사진을 통해—세계를 알기 때문에 우리는—사진을 통해—세계를 소유하게 된다. 사진은 단순히 예술가의 시선 및 작업 방식만을 변화시킨 것이 아니라 관람자 및 박물관 자체를 변화시켰다.

　이 책이 이해하는 박물관 개념이 2차적 탈문맥화와 관계한다는 것은 분명하다. 첫 번째 탈문맥화는 18세기 박물관 탄생과 연관된다. 늦어도 프랑스 혁명은 교회의 신성한 대상들이 원래의 연관에서 떼어져 새로운 연관 속에 놓이게 되는 것을 목도했다. 말로는 그의 논문을 직접적으로 이러한 내용으로부터 시작하며, 그의 텍스트 속에서 여러 번 이 지점으로 되돌아온다. "치마부에의 마돈나가 그림이 아닌 것처럼 라틴계의 십자가 희생양은 그의 탄생에서 볼 때 조각 작품이 아니다"(ebd., 9). 박물관으로 인해 비로소 예술에 대한 제도화된 지식 전달자가 생기게 되며, "믿음의 자리에 예술 향유가 들어서게 된다"(ebd., 60). 원천적 문맥으로부터의 탈피 과정은 사진 복제를 통해 두 번째로 이루어지게 된다. 지금까지 머나먼 문화로부터 온 대상들이 자신의 신성한 영역으로부터 벗어나 예술 세계 속으로 진입했을 뿐 아니라 또한 박물관의 작품들은 사진 복제를 통해 새로운 연관 속으로 진입해 복제 작품 또는 기억 아래 놓이게 되었다.

　이 논의는 박물관 내부에서 처음 시작되었다. 1920년대에 박물관, 특히 예술 박물관과 공예 박물관이 문제에 직면했다. 기술적 진보가 커다란 역할을 수행하고, 일상이 점점 더 기계의 도움으로 채워지던 세계 속에서 동시대적인 예술도 이미 오래전부터 사진과 영화적 기법에 몰두하고 있었다. 하노버의 알렉산더 도르너의 사례는 그러한 예술이 얼마나 박물관에 속하지 않는 새로운 것으로 고찰되었는지를 보여 줬다. 사진은 논란을 더 크게 만든다. 독일 박물관 협회 내 혹은 그 외의 여러 박물관 관장들이 벌인 "팩시밀리 복제 논쟁"이란 이름으로 알려진 논의는 박물관 내 원본 대 팩시밀리 복제 또는 복제의 물음을 다룬다. 이 논쟁에서 한편으로 팩시밀리 복제의 질이 더 뛰어나 이를 원본과 구별할 수 없으며, 그래서 그것이 제시되어도 상관없다는 점이 강조되고 있다. 다른 한편으로 논쟁은 원본을 복제품으로 "대규모로 대체하는 것"이 예술 작품의 "진품성"(Wahrhaftigkeit)을—함부르크 예술 및 공예 박물관의 관장인 막스 자우어란트(Max Sauerlandt)가 주장한다—유명무실하게 만든다는 점을 강조한다(Flacke-Knoch 1985, 100-110). 미술사가 에르빈 파노프스키(Erwin Panofsky)도 1930년에 이 논쟁에 참여한다. 그는 어느 한 측면을 공격하는 것이 아니라 예술 작품의 체험과 그 진품성이 오로지 예술을 지각하는 차원들 중 하나에 불과하다고 주장한다. 가장 완성도 높은 복제품과 팩시밀리 복제를 관람자에게 보여 주고, 이를 통해 복제품뿐 아니라 원본에 대한 지식을 제공하는 것이 중요하다. 다른 말로 하자면, 우리는 왜 복제품을 향유하면서 관람할 수 없는가? 중요한 것은 "인간의 작품", 즉 손을 만든 원본이 "기계의 작품", 즉 복제품 또는 팩시밀리 복제와 구별된다는 점이다. "언젠가 아무도 이것을 구별할 수 없게 된다면, 그래서 인간의 작품과 기계의 작품이 사실상 동일하게 되어 버린다면, 예술에 대한 이해가 죽은 것이라기보다는 예술 자체가 죽은 것이리라. 예술은 복제품 때문에 죽은 것이 아닐 것이다"(Panofsky 1930, 122).

말로의 입장과 팩시밀리 복제 논쟁 사이에는 수많은 텍스트가 놓여 있으며, 이는 박물관에 관한 논의에서 오늘날까지 커다란 역할을 담당하고 있다. 발터 벤야민(Walter Benjamin)은 1935/1936년 「기술복제 시대의 예술작품(*Das Kunstwerk im Zeitalter seiner technischen Reproduzierbarkeit*)」이란 유명한 논문에서 동일한 현상을 다루고 있는데, 복제와 관련해 이중적인 결론에 이른다. 말로가 복제를 전 세계적인 예술 이해를 가능케 하는 전략으로 간주하는 반면, 벤야민은 먼저 매우 비판적으로 이 문제에 다가서면서 대규모로 확장된 복제를 통한 예술 작품의 아우라 상실을 지적한다. 그는 파노프스키처럼 기계로 만든 것이 복제의 상징이며, 이를 손으로 만든 것과 구별한다(Benjamin 1980, 436). 예술 작품의 진품성은 "그것이 놓인 장소에서 자신의 일회적 현존"이 사라지게 되면 허물어지게 되며(ebd., 437), 복제된 것은 전통에서 벗어나게 된다. 왜냐하면 예술 작품과 함께 이루어진 모든 것, 예술 작품에 쓰여진 모든 언어는 항상 이 유일한 대상과 관계했기 때문이다. "어떤 물건의 진품성은 이 물건이라는 원천으로부터 나온 모든 것, 그것의 물질적 지속에서부터 그것에 대한 역사적 증언들을 모두 포괄한다"(Ebd., 438). 몇 줄 뒤에 벤야민은 유명한 아우라 개념을 도입한다. "우리는 이 특징들을 아우라 개념으로 포괄적으로 말할 수 있다. 예술 작품의 기술 복제 시대에 사라진 것은 그것의 아우라다. 이 과정은 징후를 나타낸다. 이 의미는 예술 영역을 넘어선다. 일반적으로 표현한다면 복제 기술은 복제된 예술 작품을 전통 영역으로부터 분리한다. 복제 기술이 복제품를 대량화하면 그것은 작품의 일회적 현상의 자리에 그것의 대규모적 현상을 정립하는 것이다. 복제 기술은 관람자가 매 순간 복제품을 만나는 것을 가능케 한다는 의미에서 복제된 것을 현재화한다"(Ebd., 438).

"아우라의 상실"은 다양한 박물관 논의에서 오늘날까지 중심적인 주장으로 이어지고 있다. 여기서 벤야민이 이 아우라의 상실 속에서 예술 작품이 "세계사에서 처음으로 종교적 의례의 기생적 현존으로부터" (ebd., 442) 해방되었다는 이점은 크게 주목되지 않는다. 이제부터 전통적인 제의적 원천에 대한 의존만이 대상에 중요한 것이 아니라 현재성과 새로운 기능 획득 또한 중요하다는 주장이 가능해졌다. 말로의 주장을 선취하면서 벤야민은 다음처럼 적는다. "대상의 껍질을 벗겨 내는 것, 아우라의 사라짐은 하나의 지각의 징표로서, 이 지각이 가지는 '세계 속 동종적인 것에 대한 감각'이(Johannes V. Jensen) 발전하게 되며, 이 지각은 복제를 통해 일회적인 것에서도 동종적인 것을 파악하게 된다"(Ebd., 440). 기디온은 오장팡의 책에 있는 동종적인 것의 병렬에 감탄을 금치 못했으며 말로에게 이러한 아이디어를 제공해 그가 세계 속에 있는 양식을 인식하게끔 했다. 이 병렬은 벤야민에 따르면 사진의 탄생에서 "계기의 법칙"으로 발견될 수 있다. 여기서 벤야민은 관람자에게 현재화하는 측면을 유일하게 강조하는데, 이는 매우 흥미롭다. 그것은 이미 박물관에 대해 개혁가들이 요구했던 바이다. 벤야민은 이것이 박물관이 아니라 복제를 통해 이미 이루어지고 있음을 인식했다. 푸도어의 현재적 박물관은 말로의 모사 작품 속 또는 벤야민의 "삽화된 신문" 속에 있는 기술화된 세계라는 배경에서만 이해될 수 있다. 벤야민의 주장에서 중심적인 것은 대상의 제의 가치가 그것의 전시 가치에 의해 밀려났다는 점이다. 예술 작품의 제의 가치가 (종교적 문맥이든 혹은 박물관이라는) 작품의 제한된 접근성에 기초를 두고 있는 반면, 작품의 전시 가치는 그것이 자주 출몰하기에 비교될 수 있다는 점에 기초를 둔다. "공중에서 부유하는 명상"이 예술 작품의 관람을 규정하는 것이 아니라 비교하는 수용 속에 놓여 있는 작품의 "정치적 의미"가 그 관람을 규정한다(ebd., 445).

벤야민 자신이 박물관을 언급하지는 않지만, 이 제도가 대상과 원본의 복제 가능성이란 기술적 변화에 따라 얼마나 변화할지는 분명하다. 이는 위에서 언급한—말로의 상상의 박물관에 대한—이차적 탈문맥화이며, 벤야민은 이를 좀 더 심화하고 있다. 즉 원본 자체도 이러한 조건 하에서는 변화하며, 그것이 "그것의 기술적 복제 가능성 시대에" 도대체 아우라를 소유할 수 있는지가 중요한 물음이다.

오늘날 박물관 이론에서 중심적 개념인 "진품성", "원본", "아우라"가 이러한 논의 속에서 시작되었다는 점은 이제 명백해졌다. 박물관에 대한 비판은 박물관을 뒤흔들었다. 새로운 매체는 박물관에게 새로운 유토피아를 제시했다. 미래의 관람자가 특정한, 교양 시민적 기준에 대한 지식을 가지느냐는 그렇게 중요하지 않게 되었다. 미래의 관람자는 과거 지식이 아니라 현재로의 적절한 참여를 필수적인 지표로 삼는 지각 형식을 소유해야만 한다. 먼저 이 참여 방법을 배워야 한다. 왜냐하면 사물은 "전시 가치"를 소유하고 복제되며(벤야민), "시각과 전시 가치"(Sehens- und Schauwert)를 소유하며, 또한 시각화되어 "전달 매체"(Darstellungsgüter)로 대체될 수 있기 때문이다(파케). 박물관은 이제 '더 추상화되어 설명을 필요로 하게 된 세계'를 위한 시각적 잠재성으로 자신의 대상을 이해해야만 한다. 이것이 바로 다양한 중요한 입장들에 공통적으로 놓여 있는 박물관 유토피아의 지점이다.

박람회 실험과 박물관의 영원성

박람회 실험

우리가 말로의 논의를 진지하게 받아들인다면, 박물관은 더 이상 어떠한 장소가 아니라 인간의 기억 속으로 지양되었다. 하지만 그의 상상의 박물관이 세계의 (예술) 작품들을 주제별로 구조화해 통합시키는 참된 시도라 할지라도, 실제적인 박물관이 어떠해야 하는지는 그의 개념으로부터 아직 명쾌하게 설명되지 않았다. 이에 대한 구체적인 제안은 말로가 기획하던 시기에 행해진 전시들이다. 왜냐하면 여기에는 여러 실험들이 시도되었는데, 이는 새로운 매체를 포함한 박람회 실험이었기 때문이다. 이들 실험은 박물관과 그리 많은 공통점을 가지진 않았는데, 이를 예술가 엘 리시츠키는 "표현 공간"(Demonstrationsräume)이라 불렀다. 엘 리시츠키의 "추상적 보관소"는 1927년에 탄생했다. 1년 후 그는 쾰른에서 열린 거대한 박람회 "프레싸. 독일 산업 연맹(Werkbund)의 국제 언론 박람회"(Pressa. Internationale Presse-Ausstellung des Deutschen Werkbund)에서 소련 전시실을, 1929년 슈투트가르트 의 "영화와 사진" 박람회와 1930년 드레스덴의 국제 위생 박람회에서 소련 전시실을 기획했다. 이 박람회들은 서로 달랐지만 이들의 구성 요소들은 이후의 박물관 역사와 박람회 역사의 기초를 놓았다. 우리가— 언론 및 인쇄 발전, 사진 및 영화 기술 상태, 국민의 기초적 영양 상태를 보기 위해—이 박람회를 보게 된다면, 이들은 각각 진보적 사유와 민족 간의 비교를 기초에 두고 있으며, 그래서 산업박람회 및 만국박람회의 직접적인 후계자이다.

진보라는 기치는 박람회의 중심 주제에서뿐만 아니라 전시에 사용된 매체에서도 두드러졌다. 방문객에게 급격한 새로움을 보여 주고자 하는 시대적인 구성이 제시되었다. 여기서 벤야민의 "전시 가치"는 도입된 사진과 영화를 통해, 파케의 "표현 수단"(Darstellungsmittel)은 통계적인 도표, 모델, 도시적인 도안을 통해 대표되어 등장한다. 개별적인 3차원적 대상들도 부분적으로 역할을 수행했지만, 이러한 현재적 박람회는 역사를 현재화해서 보여 주는 것이 아니라 현재의 문명적이고 기술적인 단계 및 미래 전망을 보여 줬다. 엘 리시츠키의 작업에서 가장 두드러진 특징은 그의 사진 작업이었다. 그는 엄청나게 확대한 인간, 도구, 지도를 그림 패널 속에 삽입했다. 이는 거대한 사진 몽타주로서 관람자의 시선을 끌었다. 1926년 엘 리시츠키는 "표현 공간"에 대해 다음처럼 적고 있다. "관람자는 원래 그림으로 채워진 벽을 지나면서 그림을 통해 특정한 수동성으로 빠져드는 반면, 우리의 전시 공간은 인간을 능동적으로 만든다"(El Lissitzky 1962, 199). 서로 연결되지 않는 요소들을 나란히 놓는 것은—이 점에 관해 발레리(Valéry)는 루브르 박물관을 가장 격렬하게 비판했다—방문객이 능동적으로 관람하도록 유도하며, 이것이 바로 프로그램이었다. 교체하는 주제들이 보여 주는 시각적 역동성은 관람자들이 걸어감에 따라 발전하며, 이는 리시츠키의 구상에 따르면 관람자들을 능동적으로 만든다(ebd., 200). 특히 "프레싸" 박람회의 3.8미터 높이, 23.5미터 길이의 거대한 사진 벽 장식은 3미터 높이 위에 설치되었는데, 이는 당시 관람자에게 완전히 새로웠다. 이러한 인상적인 사진 장식은 사진의 도움으로 현재를 단편적 장면 방식으로 알맞게 기록, 재현할 수 있으면서 동시에 관람자가 직접 이해할 수 있는 보편적 언어를 발견했다는 희망을 표현하고 있다. 여기에 정치적 도상학이 결합해 있는데, 이를 동시대의 한 주석가는 다음과 같이 적고 있다. "여기에는 선전의 힘만이, 선동 수단만이 있다. 솜씨 좋은 선택으로 걸린 작품들이 방문객을 사로잡는다. 이는 예술의 목적 또한 오로지 정치에 이용되는 것임을 보여 주고 있다. […] 이 사진들이 실제 삶의 한가운데 놓여 있다는 점은 […] 칭찬받아 마땅하다"(zit.n. Pohlmann 1999, 56).

기디온이 강조했던 "생생한 현재"와 "새로운 보기"는 엘 리시츠키의 박람회 실험에서 서로 결합되고 있다. 이러한 공간 실험은 전통적인 박물관 건물에서 쉽게 시도될 수 없을 것이다. 왜냐하면 이를 위해선 개별 요소를 전시하고 세울 수 있는 커다란 홀이 필요하기 때문이다. (예술)박물관의 전통적인 전시실 구조에서는 이것이 불가능하며, 오직 박람회 및 시장(市場) 건물에서만 가능하다. 박람회 기획자가 상정하는 관람객은 하나의 그림을 자세히 바라보면서 자신 속에 침잠하여 명상하는 관람객이 아니라 다른 방문객들과 공유하는 공동 체험 속에서 박람회 공간을 움직이는 능동적이고 비교하는 주의 깊은 관람객이다(Klonk 2009, 113 ff.). 리시츠키의 더 넓은 활동 영역, 그러니까 프리드리히 키슬러(Friedrich Kiesler)와 다른 이들과의 협업에서 그가 제안한 아이디어를 여기서 소개하는 것은 너무 멀리까지 나아가는 것일 테다(vgl. Staniszewski 1998). 하지만 여기서 "협업적 공간"(collaborative space), 공동의 시각이 발명되었다는 점은 분명하다(Klonk 2009, 113). 관람객 또한 박람회 구성 요소과 함께 움직이며 계속 발전하는 '관계 장'의 한 부분이 된다.

1920년대, 특히 1930년대에는 새로운 전시 방식과 함께 점점 더 원숙해지는 정치적 기능을 지닌 수많은 박람회가 열리게 된다. "무엇보다 사진 몽타주 및 거대 사진의 '좌파' 기술들이 벽 장식을 통해 지도자 숭배를 선동하는 시각적 공간의 창출을 위해 이용되었다. 여기서 모더니즘 미학과 정치적으로 반동적인 내용으로부터 나오는 모순적인 현상 사진이 나타난다"(Pohlmann 1999, 59). 다다이즘 그룹에서 유래한 존 하트필드(John Heartfield)의 사진 몽타주는 정치 지배층, 검열, 정치적 감시에 대항하는 것이었으나, 몽타주 기술과 결합된 정치적 함의는 이제 반대 방향으로 나아갔다. 그러한 변화가 어떻게 가능했는지는 화가, 광고 그래픽 전문가, 사진가이자 건축가로 먼저 바이마르 공화국, 후에는 국가사회주의에서 활동했던 헤르베르트 바이어(Herbert Bayer)에게서 가장 잘 볼 수 있다. 그는 이미 독일 산업 연맹에서 작업했고, 발터 그로피우스(Walter Gropius)와 라스쯜로 모홀리-나기와 함께 1930년 파리에서 열린 "장식 예술가 협회 박람회"에서 전시실을 기획했다. 리시츠키의 기획 요소를 기초로 그는 현대 소통적 디자인의 원칙들을 발전시킨다. 1937년 저술인『전시 디자인의 기초(fundamentals of exhibition design)』에서 그는 그에게 모범적이지 않은 19세기 만국박람회의 기획 방식부터 논의를 시작하는데 이는 다음과 같은 이유 때문이다.

그의 저술 앞부분에는 함부르크 한자 양조장(Hansa-Brauerei)의 맥주병에서 따온 성탑 구조를 보여 주는 그림이 있다. 바이어는 여기서 (맥주라는) 상품을 그 목적에 맞게 표현하는 것이 아니라 (맥주병) 장식의 구성적 요소로 사용한다. 이는 박람회의 현대적 수단과는 더 이상 일치하지 않는다. 오히려 전시의 주제, 그것의 특별한 특징을 비교, 개관, 연속을 통해 보여 주는 것이 중요하다. "주제는 관람객과 거리를 유지하지 않으며, 그에게 더 다가가며, 그를 관통하면서 그에게 인상을 남기고, 설명하고, 증명하며 심지어 설득하면서 그를 계획된 직접적인 반응으로 이끌어야 한다"(Bayer 2008, 211). 바이어는 자신이 형식적이라고 규정한 과거의 "축을 중심으로 대칭적 효과를 내는 격식을 갖춘 재현적 해결"과 결별한다. 반대로 주제를 그룹별 공간 속에 제시하면서 이런 방식으로 역동적이고 비대칭적으로 제시해야 한다(ebd., 212f.). 바이어의 요구는 이미 언급된 1930년 파리에서 열린 예술 공예 박람회 및 1931년 베를린에서 열린 건축 박람회의 독일 전시실을 위한 그의 기획과 일치한다. 엄청난 규모의 수많은 사진 몽타주, 기하학적 형식이 지배하면서 문자와 텍스트를 강조하는 벽에 삽입된 3차원적 도형들, 이들이 방문객을 위한 포괄적이고 변화 가득한 공간 체험을 위한 시각적 무대 장식이다.

국가사회주의자들의 정권 장악과 함께 전시의 이러한 모더니즘 방식은 진부해지지 않게 된다. "제3제국의 새로운 보기 실험이 출판계에서는 '문화 볼셰비키적', '타락' 또는 '유대적'이라고 비방을 받았지만, 박람회에서는 항상 거대한 사진과 사진 몽타주 등의 실험적인 구성 요소들이 이데올로기적 수사의 목적으로 사용되었다"(Pohlmann 1999, 61). 이는 1934년에서 1937년 사이에 열린 수많은 박람회, 즉 "독일 민족-독일 노동", "생의 기적", "독일", "나에게 4년의 시간을 달라!"에서 이루어졌다. 이러한 박람회에서는 현대적인 구성 요소들이 처음부터 권력의 재현을 위해 사용되었다. 예를 들어 1933년 니만(Niemann)이 기획하고, 베를린의 방송국 건물 부속의 박람회 홀에서 열리고, 바이어가 카탈로그를 기획한 "카메라. 사진, 인쇄, 복제 박람회"가 그랬다. 이 "명예 홀"에서는 국가사회주의 노동당(NSDAP)의 행진과 집회를 담은 거대한 사진이 나란히 전시되어 있는 것을 볼 수 있었다. 이 형식은 아돌프 히틀러(Adolf Hitler)의 개인 사진사였던 하인리히 호프만(Hein-rich Hoffmann)에서 유래하며, 국가사회주의 운동의 역사를 한눈에 보여 줬다. 엘 리시츠키의 구성과 달리 이 홀은 거대한 사진들을 중앙의 관점에 따라, 바이어의 표현에 따르면 대칭적으로 배열했다. 자극을 받은 관람객, 박람회 방문객이 걸어 다니면서 수많은 인상들 속에서 방향을 찾으려고 시도했다면, 여기를 찾은 방문객은 동일하게 압도당하긴 하지만, 이는 자기 활동적인 지각을 통해 본 수많은 진열품에 의해서가 아니라 신성하게 조율되고, 숭고하게 작용하는 기념비적 장면들에 의해 이루어진다. 헤르베르트 바이어는 당시 수많은 카탈로그 작성의 책임을 맡았지만, 1938년 뉴욕으로 이민 후에 1942년 "승리로 가는 길: 전쟁 중인 민족의 사진 행렬"(Road to Victory: A Procession of Photographs of the Nation at War)과 같은 선전적 박람회에 참여했다 (ebd., 63). 처음에는 새 정권에 순응했던 바이어의 출발점은 어느 정도 새로운 전환점으로 교체되고 있었다. 왜냐하면 1차 세계대전 이후 시기의 박람회 실험, 즉 빠르게 뒤바뀌는, 인간을 사로잡는 동시성의 압도적인 공간 체험은 이제 "영원성의 가치"로 인해 뒤로 밀려났기 때문이다. 알베르트 슈페어(Albert Speer)가 1937년 파리 만국박람회에서 기획한 "독일 하우스"에서부터 타피스트리와 모자이크를 볼 수 있게 되었다(ebd., 63).

박물관의 영원성

박람회 실험은 박물관과 같이 곧바로 전체주의 국가의 선동에 사용되었다. 이 실험은 1933년 이후 독일에서처럼 국가사회주의적 세계관의 주입 및 전달의 중심 매체였다. 아방가르드 전시로 발전하던 동적이고 다(多) 관점적인 변화하는 형태 요소들이 선동 목적으로 사용되고 국가사회주의자들은 이를 엄청난 비용으로 투입했다. 박람회 및 그 물적 재료의 현대적 요소는 국가사회주의자들, 아돌프 히틀러가 다양한 방식으로 지도적인 미적 요소로 사용한 기술적 정확성, 미래주의적인 금속의 정밀성과 질서의 의미와 일치했다. 새로운 매체, 특히 사진과 영화의 사용은 원천적으로는 민족 교육 운동의 준비 노력에서 탄생했고, 1938년 뮌헨에서 열린 박람회 "영원한 유대인"(der ewige Jude)에 대해 국가사회주의 기관지인 『민족 관찰자(Völkische Beobachter)』에 적힌 바와 같이 엄격하고 비방적인 1차원의 "교훈 가득한 관점"으로 뒤바뀌었다(Benz 2010, 672). 앞으로 박물관을 어떤 기준으로 바라봐야 하고, 그것이 어떤 요구에 부응해야 하는지가 분명해진다. 1920년대와 그 이후 수많은 갱신과 이미 언급한 공간 실험들이 시도되는 동안 박물관은 새롭게 장엄하고 역사적인 공간으로 자리매김하게 된다.

 헤르베르트 마르쿠제(Herbert Marcuse)만큼 이 장엄한 박물관이라는 존재와 여기서 발생하는 문제들을 간단명료하게 다룬 이는 없었다. 그는 물론 이 복잡한 존재에 몇 줄의 언급만을 했지만, 박물관은 그가 일상적 삶과 더 이상 관계를 가지지 않는다고 규정한 "긍정적 문화"란 개념의 문맥 속에서 분명해진다. "적어도 100년 전부터 시민에게 예술이란 존재는 박물관적 형식 속에 존재하고 있다. 박물관은 개인의 휴일이 시간적으로 제약되어 있음에도 불구하고 사실성으로부터의 거리 두기, 더 나은 세계로 나아가는 위로 가득한 고양을 재생산하는 가장 적합한 장소였다. 박물관에서는 대가들이 장엄하게 다뤄진다. 여기서는 품위만이 모든 폭발적인 동기를 잠재웠다. 하지만 우리는 대가가 말하고 행한 모든 것을 진지하게 받아들일 필요는 없다. 이는 다른 세계에 속하며, 현재적인 것과 갈등에 빠질 수 없다"(Marcuse 1970, 99). 마르쿠제의 생각은 이미 권위주의적 국가 경험에 영향을 받은 것이고, 박물관 개혁가의 들뜬 분위기를 낳았다. 박물관은 그에게—이 점에서 그는 어떠한 의심도 가지지 않았다—"커다란 민족 교육기관"으로 기능하지 않는다(ebd., 100). 마르쿠제는 긍정적 문화에 접근 가능하게 만드는 것이 아니라 그것의 "폐지"를, 박물관 속에서의 "영구화"가 아니라 개인이 세계의 사멸성을 받아들이는 것을 중요시한다.

영구화 과정에 대한 마르쿠제의 비판은 박물관에 대한 모든 회의주의자들이 동의하는 지점이다. 이들은 모두 영구화가 지니는 과도함을 비판한다. 이미 기술된 이러한 비판의 중심 생각은 묘지, 공동묘지, 영묘의 은유이다. 이를 1953년 테오도어 아도르노(Theodor W. Adorno)가 다음처럼 정리하고 있다. "'박물관'이라는 독일어 표현은 친근하지 않는 어감을 지닌다. 그것은 어떤 대상을 가리키는데, 이는 관람자가 더 이상 생동적으로 관계 맺지 않는 것이고 그래서 사라져 가고 있다. 이 대상은 현재적 필요보다는 역사적 관점에서 보존된다. 박물관(Museum)과 영모(Mausoleum)는 단순히 음성적 연관으로 연결되어 있지 않다. 박물관은 예술 작품의 상속 무덤과 같다"(Adorno 1977, 181). 물론 아도르노는 새로운 것을 말한 것이 아니라 박물관에 대해 존재하던 오래 간직된 절망의 표현을 다시 수용해 첨예화하고 있다. 마르쿠제나 아도르노에게 커다란 물음은 다음과 같다. 어떻게 "현재적인 필요"가 과거의 보물과 관계될 수 있으며, 어떻게 박물관이 장엄하고 비정치적인 자신의 후광으로부터 해방될 수 있나? 오늘날 우리는 다음처럼 말할 수 있다. 두 번의 세계대전 사이에서 벌어진 실험들은 예술과 정치, 현재와 과거를 상호적이고 계속 변화하는 관계 속에 놓으려는 최초의 시도였다. 국가사회주의와 함께 이러한 노력들은 어떤 입장에서 보느냐에 따라 무위로 돌아갔거나 완벽해졌다. 실험에 종지부가 찍혔고, 표현 가능성은 급격하게 통일되었지만, 박물관의 장엄함은 박람회의 찰나와 성공적으로 결합되었다. 이 두 개념의 결합은 그 용어의 참된 의미에서 현대에 확정되었다. 마르쿠제는 "사실성으로부터의 거리 두기", "더 나은 세계로 나아가는 위로 가득한 고양"을 시민적 박물관의 이념이라 했는데, 이 이념은 그의 분석이 탄생한 년도인 1937년 뮌헨에서 확증되었다.

1937년 뮌헨에서는 "타락한 예술"(Entartete Kunst) 전시회가 7월에서 11월까지 열렸다. "생의 기적"(Wunder des Lebens)과 같은 다른 선전 박람회는 지식 전달이라는 의미에서 대중에게 국가사회주의자들의 과학적이라 포장된 인종주의적이고 우생학적인 프로그램으로 소개된 반면, 뮌헨의 전시회는 국가사회주의자들의 생각에 배치되고 독일 박물관과 수집소에서 압수된 예술 작품을 비방하기 위해 열렸다. 이는 긍정적이 아니라 부정적 본보기를 보여 주고, 이를 발전시키고 걸맞게 대중화한 선전 전시회이다(Kivelitz 1999, 341). 언급된 선전 박람회에서는 새로운 세계에 대한 전망이 주제였다면, "타락한 예술"의 방문객들에게는 반대 전망이 전시되고 주제별 전시에서는 퇴화, 비일치의 총체적 개념이 소개되었다. 즉 현대의 예술 경향 및 바이마르 공화국의 예술 정책, 그리고 예술 구매 정책의 총결산인 셈이다. 여기에는 예술가 단체 "브뤼케"(Brücke)의 작품들, 에밀 놀데(Emil Nolde), 막스 베크만(Max Beckmann), 마르크 샤갈(Marc Chagall), 오토 딕스(Otto Dix),

게오르게 그로스(George Grosz), 파울 클레(Paul Klee), 바실리 칸딘스키(Wassily Kandinsky)의 작품들이 전시되었다. 이들 작품들은 예를 들어 종교적 동기, 유대 예술가, 누드화, 사회 비판적 작품 등 주제별로 전시되거나 또는 어떠한 개념도 없이 전시실에 걸렸다. 비좁게 걸렸지만 어느 정도의 설명이 달렸거나, 벽 전체가 예술가들을 조롱하는 언급들과 함께 색칠되었다(Engelhardt 2007).

 이 전시회는 뮌헨의 조형예술 제국 분과 주체로 열렸고, 그 의장이 당시에는 아돌프 찌글러(Adolf Ziegler)였다. 그는 전시회 개최를 도맡았고, 개최 연설에서 전시된 작품들을 "광기, 파렴치, 무능, 타락의 산물"로 평했다(zit. n. ebd., 95). 같은 시기에 사람들은 찌글러의 작품들을 다른 장소에서 볼 수 있었다. 왜냐하면 국가사회주의자들이 기획한 박물관인 독일 예술관(Haus der Deutschen Kunst)이 1937년 여름에 "대규모 독일 예술 전시회"와 함께 개관되었기 때문이다. "두 전시회는 시간적으로 앞뒤로 조율되었고, 그래서 '좋은' 예술을 '타락한' 예술과 비교하려는 목적 설정에는 아무런 의심의 여지가 없었다"(Ebd., 93). "독일 예술관"은 카를 프리드리히 슁켈이 기획한 베를린의 구 박물관의 건축 방식에 의존했고, 이는 히틀러가 개관 연설에서 표현한 바와 같이 "참되고 영원한 독일 예술을 위한 […] 성전 건축"이었다(Hitler 1997, 78). 우리가 선전 목적으로 서로 이어지고 보충하는 이벤트들을 더 자세히 고찰하게 되면, 한편으로는 동적이고, 변화하면서, 혼돈스럽고, 비좁은 전시회를 고찰하게 되고, 다른 한편으로는 밝고 높은 공간에서 기획된 전시를 보게 되는데, 후자는 "민족적 가치"와 영원성을 목표로 한다. 이러한 대립적인 전시 속에서 단순히 "모범적인" 예술 대 "타락한" 예술의 대립뿐 아니라 일시적, 교훈적, 충격적 예술 대 고양 및 고전 장르에 기초를 두는 전시의 대립 또한 볼 수 있었다. 미래에 영원하게 여겨질 명작들은 오직 박물관에서만 볼 수 있었다.

히틀러의 개관 연설을 보면 그가 제3제국에서 (예술)박물관에 어떠한 역할을 부여했고, 그것이 어떠한 기능을 해야 하는지가 분명해진다. 이러한 박물관을 위한 첫 번째 기획은 "작슨의 방직공장과 중소 도시의 시장 홀과 같은 형태를 가질 수 있는" 반면 그가 개관한 독일 예술관은 "예술의 성전이지 공장, 원격 난방소, 기차역, 전기 중심 변전소"가 아니다(Ebd., 80/81). 히틀러가 이렇게 열거하는 것을 보면 우리는 어렵지 않게 이 건물이 고전적 현대의 건축과 연관되어 있지 않으며, 건물들의 언급된 여러 기능들에도 일치하지 않는다는 점을 인식할 수 있다. 한 민족의 "영원성의 가치"는(ebd., 78) 고요한 명상 속에서 광범위한 대중에 의해 직관될 수 있어야 한다. 동시대인들은 독일 예술관의 개관 직후 이를 도리아 양식의 리듬 구조로 표현했다. 이는 원주의 합창으로서, 방문객이 예술의 성전에 입장하는 것을 준비시키고, 그래서 "사적 건물의 왕국에 대비해 일상으로부터 예술과 이상의 왕국으로 이끌고자 하는" 건축의 의미를 분명히 알도록 한다(zit.n. Brantl 2007, 51).

국가사회주의자의 유토피아는 박물관 개혁의 경우와 마찬가지로 항상 현재와의 연결을 의미한다. 물론 여기서 현재는 다른 것이 되어 버렸다. 한편으로 이러한 감성적인 표현에는 더 이상 실험적인 것을 발견할 수 없으며, 건물이나 전시회에서는 검증된 아카데미적인, 신고전주의적인 노선에 대한 회고가 지배적이었다. 다른 한편으로 규격화되고 국가에 의해 평가된 방식으로 기획된 예술 및 그 주제의 현재와 기술화되고 점점 더 군사화된 세계 속에 있는 인간의 현재로 갈라졌다. 무엇보다 현재는 이제 다음을 의미했다. "우리는 이제부터 우리 문화를 파멸하는 요소들에 대항해 무자비한 청산 전쟁을 할 것이다"(Hitler 1997,

85). 현재를 박물관 속에 들이는 것이 아니라 동시대적 예술 속에 있는 현재를 규정하고 조종하려는 것이다. 히틀러의 여러 박물관 계획을 보게 되면 거대한 건축 방식과 중앙집권화가 어떤 뚜렷한 역할을 담당했는지 쉽게 드러난다. 실제로 건립된 독일 예술관과 더불어 베를린에서 건립되지는 않은 세계대전 박물관, 19세기 박물관, 게르만 예술 박물관의 계획들이 존재한다(Pleiß 1989). 마찬가지로 실현되지는 않았지만 소위 "영도자 박물관"도 계획과 구상 단계에서 전개되었고, 알베르트 슈페어가 건립할 예정이었다. 히틀러는 린츠에 부분적으로는 자기 소유의 광범위한 수집물을 기초로 두는 옛 대가와 19세기 예술을 위한 중앙 회화 갤러리를 건립하려고 계획했다(Schwarz 2004).

국가사회주의는 박물관의 이념을 "공동체 건설"로 이해했는데, 이것이 1937년 전후로 한 모든 건물과 기획들에 공통적으로 나타난다. "민족의 거대한 공동체"(Bauen im Neuen Reich 1943, 10)가 기념비적인 건물을 통해 재현될 뿐 아니라 또한 체험 가능해야 한다. "건물 전체와 그 나눔의 균형, 개별 요소에서의 엄격한 질서, 거대한 벽, 원주, 기둥의 우아한 돌은 독일 민족을 새롭게 하는 기초적인 힘들의 상징이 된다"(Ebd., 20). 이는 뮌헨의 새롭게 건립된 "공동체 건물"에 대한 소개다. 공동체의 체험, 미래로 향한 영원성은 국가사회주의적인 박물관 이해를 이루는 두 가지 중심축이다. 마르쿠제는 같은 해에 이처럼 세계와 일상을 등진 장소를 "개인의 휴일"이 재생산되는 장소라고 비판했다.

이는 동전의 한 면일 뿐이었다. 왜냐하면 조르주 바타유(Georges Bataille)는 박물관에서 자신을 공동으로 경험하는 민족은 장엄한 느낌을 가질지 몰라도, 더 이상 개인이 아니라 "무리", "흐름", "전체"일 뿐이라며, 7년 전 박물관에 관한 비판에서 그러한 방문객들을 묘사하고 있기 때문이다. "오늘날 세계의 박물관 전체는 부의 거대한 축적만을

보여 주는 것이 아니다. 무엇보다 세계의 박물관을 찾는 방문객 전체
는 틀림없이 물질적 염려로부터 해방되어 있는, 직관 되어야 할 인간
성의 거대한 스펙타클을 눈앞에 두고 있다." 바타유는 이러한 방식으
로 첫 번째로 방문객을 전면에 드러낸 사람으로서 다음과 같이 주장한
다. "박물관의 내용은 비로소 방문객을 통해 형성된다. […] 박물관은
커다란 도시의 폐와 같다. 피처럼 인간의 무리가 일요일마다 박물관으
로 흘러가 걸러지고 새롭게 다시 나오게 된다"(Bataille 2005, 65). 그
는 박물관을 정화 기구로 이해하며, 정치적 이데올로기로 기능하는 경
우엔 선전 기능으로 사용되는 기계로 이해한다. 마르쿠제와 바타유의
부정적 비판은 1930년대뿐 아니라 이미 세기 전환기의 박물관과도 관
계한다. 그럼에도 이들의 서술로부터 이 시기 전제주의국가들의 박물
관 및 박람회가 가지던 측면들을 정확하게 파악할 수 있다. 즉 고전적
이라고 평가된 박물관의 내용은 그 대상들이 오로지 박물관이란 장소
에 놓여 있기 때문에 높이 평가되어야 하는데, 이러한 내용은 그대로
받아들여야 하며, 집합적으로 등장한 방문객은 이러한 긍정적 관람에
몰두해야 한다.

박물관 비평가에 의해 비판된 예술과 박물관의 관계는 1930년대에
일상적 대상들, 자연사 및 역사적 대상들까지 확장되었다. 한스 프로이
스(Hans Preuss)는 1933년 자신의 글인 「제3제국의 향토 박물관(*Das
Heimatmuseum im Dritten Reich*)」에서 이상적인 향토 박물관을 묘사
한다. 이는 선사시대, 민속학적 부문들, 동전과 같은 수집 부분, 가능하
다면 1차 세계대전 전사자들을 위한 기념 홀과 같은 다양한 부분들로
이루어진다. 대상들의 전시는 "진짜 고향적"이어야 하며, 그래야만 "영
혼 깊숙이" 파고든다(Preuss 1933, 156). 프로이스는 박물관 방문객이
고향과 고향 느낌의 인상을 사물과 풍경, 동물과 도구의 도움으로 축적

하며 항상 이것과 연결되어 있다고 주장한다. 여기서는 가능한 한 많은 낯선 것을 알아 가는 것이 아니라 "과거의 뿌리"를 발견하는 것이 중요하다. "후세의 의무는 위대한 과거의 기억을 의식적으로 보존하고, 기억이 연결되어 있는 장소를 성역으로 바라보는 것이다"(Ebd., 157). 박물관은 언젠가 신성한 장소가 되며, 중심에는 "민족"이 있으며, 이 "민족"은 "공동체 건물"의 이념을 통해 재현되고 체험 가능하게 된다. 이 건물은 이러한 감정을 산출하며, 이 감정은 이 건물에 터를 잡는다. "박물관은 지성에 맞게 건립된 교육 건물이어서는 안 되며, 혼이 불어넣어져야 한다. 우리가 고향 사랑이라 부르는 느낌, 그 총체의 한 부분이 박물관에서 드러나야 한다"(Ebd., 164).

향토 박물관의 개념은 이미 1900년경에 형성되었다. 이는 "다양한 지방의" 조그만 "지역 박물관"을 가리켰다. 이 박물관의 대상들은 "생활 연관"에서 나오며, "그것이 종교적 또는 자연사적 종류이건, 민속적 예술이나 수공업 도구이건, 산업 생산물이건 상관없었다"(Roth 1990, 30). 넓은 의미에서 이들 박물관은 특수한 민속적 방향에 중점을 둔 문화사 박물관에 속한다. 이런 종류의 첫 번째 박물관은 이미 19세기 초 베를린에서 병리학자이자 사회정책가였던 루돌프 피르호(Rudolf Virchow)에 의해 건립된 "독일 민속 의복과 공예품 박물관"(Museum für deutsche Volkstrachten und Erzeugnisse des Hausgewerbes)이었다. 중부 유럽에 대한 인류학적 시선이 여기서 물질문화에 따라 서술되고 "민속 문화"로 전시되었다. 계속해서 이러한 종류의 수많은 박물관이 건립되었는데, 이들은 무엇보다 관습, 노동 기구, 의복 등을 통해 농촌 지역 묘사에 집중했고, 산업화 과정을 통해 한편으로는 사라져 가고 있지만, 동시에 매우 안정적인 문화적 현상으로 경험할 수 있는 것들이었다. 국가사회주의자들이 드높인 농부 신분의 배경으로 이러한 박물관

들의 대상 영역을 고찰해 본다면, 우리는 왜 향토 박물관과 그 수집소
가 교육적 박물관으로서 특수한 의미를 획득했는지를 재빨리 이해하게
된다. 이러한 박물관은 전시 기술과 1920년대 대규모 박물관의 현대적
인 구성 요소들을 이어받았다. 하지만 내용적으로는 "독일 농부, 독일
수공업자, 독일 어머니", "현대적인 교육 관점"과 반동적인 내용들, "아
방가르드 디자인과 게르만 숭배의 혼합물"이 중심에 놓여 있었다(ebd.,
138, 135, 205). 또는 한스의 그 당시 표현으로는 다음과 같다. "우리
향토 박물관의 가장 중요한 부분 과제 중 하나는 현재 인간과 과거 인
간 간의 관계를 발전시키는 것이다"(Preuss 1933, 152). 여기서 다시금
과거와 현재의 이중성이라는 옛 범주가 등장한다. 지금까지는 과거가
현재화되어야 하던 곳에서 거꾸로 이제는 현재적 인간이 과거적 인간
과의 연결을 수용해야만 했다. 이는 한편으로는 역사의 지식, 선사, 즉
게르만족의 역사 또는 고향 식물에 대한 정확한 지식 등과 관련해 이루
어진다. 다른 한편으로 "영혼의 깊이"는 무엇보다 회상물, 프로이스가
말하는 "성역"을 통해 경험되어야만 한다. 여기에 예술과 마찬가지로
이 대상들 속에 "영원성의 가치"가 놓여 있다. 19세기 이미 시인 추모지
로부터 알려져 왔고, 1차 세계대전 전사자들을 위한 기념 홀에서 형성
되어 온 유물적 성격이 이제는 "풍경" 및 지역과 관련하여 이들 대상에
부여된다.

　대상과 유물, 영웅과 인간이 살았던 풍경의 과거적 시간이 인간과 연
결되는 느낌이 중요했다. 향토 박물관은 회고 정책의 중심적인 수집 장
소로서, 이 장소는 후원을 많이 받긴 했지만, 동시에 통제도 받아야 했
다. 이에 대한 1935년의 제국 장관의 공표는 다음과 같다. "우선 향토
박물관 시설을 건립하고자 하는 이들이 개인적인 회고적 가치만을 가
지는 개별 대상들을 가지고 있다 해도, 그것만으로는 아직 그러한 시설

의 건립을 정당화할 수 없다"(zit.n. Jacob-Friesen 1937, 9). 그래서 소위 "박물관 관리인"이 특정 지역에 투입되었고, 이들이 향토 박물관의 건립을 선도하고 현존하는 박물관을 전문화했다. 고고학자 카를 헤어만 야콥-프리젠(Karl Hermann Jacob-Friesen)은 이러한 공표와 인적 자원의 전문화를 통제 행위라고 서술한다. "제국 장관의 조치를 통해 향토 박물관에서 개인주의가 영향력을 발휘하던 시대는 끝이 났다. 특정 지역과 연관되어 있는 지역 박물관에게는 커다란 목표가 세워졌다. 즉 우리 전체 민족과 조국의 안녕을 위해 작은 향토 박물관을 독일 교육부의 커다란 과업 아래 위치시키는 것이다"(Ebd., 14). 이 문제는 산업적 활동을 위축시키지 않기 위해 철로 견본의 기부를 수용해야만 했던 독일 박물관 오스카 폰 밀러가 부딪힌 문제와 유사하다. 밀러는 철로 견본을 거부하지 않았지만, "박물관 관리자들"은 어떤 대상이 가치 있고, 어떤 대상이 가치 없는지를 분명하게 제시했다. 니체가 대상에서 오는 과거의 억압적인 면을 비판했는데, 이것이 문제가 아니다. 이 억압은 단일 이념에 따라 통제하고 계획적으로 배열해야만 한다. "'박물관'이란 단어는 미래에도 보호되어야만 한다"(Ebd., 10). 기념비적인 박물관의 이념은 조직적-관료제적 수준에서 정돈된 분점 정책으로 실현되었고, 그래서 박물관의 영원성이 예술, 역사, 관습 속에 자리잡게 되었다.

1920년대 박람회 실험과 공간 실험이 보여 준 새로움과 자극은 개별 요소를 선동적인 목적을 위해 사용한 것에 배치되었다. "교훈적인 관점"은 정치적 세계상의 확산이라는 목적을 위해 세워지고, 그 확산 수단은 관습화되었지만, 박물관은 영원한 가치의 장소로 새롭게 강화되었다. 박물관에는 마르쿠제가 언급한 과거의 대가들과 함께 전체주의 정권이 지명한 현재의 대가들이 존재했다. 박물관은 선전된 명성 가득

한 과거를 만나게 해 주는 대상들을 위한 장소를 마련했다. 대상들은
그 의미에서 열려 있는 것이 아니라 어디에 속하거나 속하지 않거나,
그리고 미래적이거나 타락한 것으로 분명히 규정되어 있었다.

다양한 박물관과 메타 박물관

다양한 박물관

1940년대에는 새로운 박물관 개념이 발전했다. 개혁적인 아이디어들이 새롭게 논의되면서 새로운 주제가 박물관 속에 들어와 정착 과정을 거치게 되었고, 2차 세계대전을 통해 강렬하게 얻은 공동의 고통 경험이 담긴 건물과 수집물, 그 인물들로 채워진 박물관이 건립되었다. 여러 나라에서 박물관 개념은 다양한 색감을 얻게 된다. 서독에서는 특히 전시물의 탈정치화가 논의된 반면 뉴욕은 새롭고 실험적인 구성 기획을 선보이는데, 예를 들어 프리드리히 키슬러는 페기 구겐하임 미술관을 위해 1942년에 "지금 세기의 예술"(Art of This Century)를 기획하게 된다. 1920년대 그의 초기 작업의 연장선상에서 이 기획의 중심에는 한 의자가 놓여 있다. 이 의자는 공간구성 체계의 요소로서 다양한 형식을 지닐 수 있으며, 그래서 조각을 위한 기단(基壇)이면서 또한 좌석 기능 또한 제공할 수 있다(Staniszewski 1998, 8). 박람회 실험은 발전하게 되어 점점 더 박물관 속에 통합된다. 한편으로 산업박람회를 통해 "표현 수단"(파케)이, 또는 사진을 통해 "전시 가치"(벤야민)가 박물관 속에 들어왔다. 다른 한편으로 예술가들을 통해 대상과 환경 간의 상호작용과 공간이 의미를 얻게 되었다.

이전 박물관의 중앙 유럽적 기획이 급속하게 확장되기 시작한다. 이 시기 박물관을 제도화하려는 노력은 두 번째 전문화 도약이라 할 수 있다. "국제 박물관 회의"(International Council of Museums, ICOM)가 1946년에 설립되고, 1948년에 멕시코 시티에서 세계적 규모의 첫 번째 정기 회의가 열리게 된다. 1946년에 국제 박물관 협회의 잡지가, 1948년에는 유네스코의 잡지 『박물관(*Museum*)』이 간행된다. 전후 박물관의 새로운 시작은 200년 전과 같이 다시금 파리에서 이루어진다. 여기서 첫 번째 국제 박물관 협회가 열리고, 『박물관』 제1호는 프랑스 박물관을 대상으로 한다.

제1호의 머리말을 보게 되면 이 시기에 무엇이 중요했는지가 금세 드러난다. 즉 국제적 수준에서 전시 기획(museografischen), 보존 및 전시 구성 등의 물음에 대한 공동 협력 및 상호적 도움이 중요한 문제였다. 전(前) 세대의 잡지가 오로지 예술, 고고학, 역사 박물관만을 지향했다면, 이제는 모든 박물관 형식과 내용이 다뤄지게 되어 박물관의 개념이 더 확장되고 통일된다. 박물관이 평화에 심대한 기여를 할 수 있으며, 외교적인 표현들이 직업, 상호적 컨설팅과 도움의 발전을 지향한다는 정치적 표현도 등장한다. 이러한 박물관 개념에는 어떠한 균열도 보이지 않는다. 오히려 박물관의 통일적 정의가 확고하게 서 있으며, 이 정의에는 박물관에 대한 다양한 견해들이 결합해 있다.

박물관은 국제 박물관 협회에 따르면 "연구, 교육, 오락 목적으로 인간과 그 환경의 물질적 증거물을 창조, 보존, 연구, 정보 제공, 전시 등의 활동을 함으로써 사회와 그 발전을 지향하는 공익적, 지속적, 공공에 개방된 시설"로 정의된다.[1] 오늘날 아직까지도 보편타당한 이러한 정의는 1980년대에 최종적으로 합의에 이른 것이며, 이 정의를 세우기 위해 국제적 박물관 연합에서 수많은 논의가 이루어졌고, 이 논의에는 서유럽뿐만 아니라 동유럽의 전문가들이 비슷한 비율로 참여했다. 이 정의는 박물관에 대한 최대한 다양한 생각들 가운데 최소한의 국제적인 공통분모를 표현하고 있다. 이번 장은 첫 부분에서 박물관의 정의, 그것의 개념적 기본 노선, "박물관학"이라는 새로운 학문의 역사를 다룰 것이다.

실천적인 응용 물음들 외에 무엇보다 "새로운 박물관"이라고 하는 개념이 논의되었다. 그 출발점은 박물관의 사회적 과제가 고려되어야 한다는 확신이다. 1960년대 말 미국의 시민권 운동의 맥락 속에서 생겨난 소위 "동네 박물관"(Nachbarschaftsmuseen) 개념에 자극을 받아 주민의 생활 현실을 고려한 조그만 지역 박물관들이 발전했고, 직접적인 환경과 결합한 정체성 제안을 가능케 했으며, 공동의 활동을 증진했다. 기본적인 이념은 계속 교체되는 지역에서 다양한 주제를 가지고 전시회를 기획하는 것이되, 이 전시회는 그 지역의 거주자가 담당하는 것이었다.

거의 동시에 "환경 박물관"(Ecomuseen) 개념이 발전했는데, 이는 환경보다는 특정한 지역, 풍경, 구역과 결합해 있었다. 이 환경 박물관이라는 이념은 프랑스 박물관 학자인 조르주-앙리 리비에르(Georges-Henri Rivière)에서 유래한다. 이러한 종류의 최초의 박물관으로 1971/72년 크뢰조 몽소르민 인간 및 산업 박물관, 도시적 공동체의 환

---

1 독일 박물관 협회 웹사이트에서 2011년 3월 28일 자로 인용되었다. http://www. museumsbund.de/das_museum/geschichte_definition/definition_museum/.

경 박물관(Musée de l'Homme et de l'Industrie, Ecomusée de la Communauté Urbaine Le Creusot-Montceau-les-Mines)이 건립되었다. 이는 지역의 거주자와 연계된 박물관 개념으로—여기서 다시금 이미 알려진 생각이 등장한다—과거를 현재, 생활 현실과 결합한다. 이러한 사회적인 상호작용을 바탕에 둔 박물관 형식으로부터 다양한 기치를 내세우면서 울타리도 없고, 가능하면 넓은 주제와 세부 항목들을 갖춘 "열린 박물관"이 탄생했다(Ganslmayr 1989).

이 지점에서 수많은 동네 박물관들이 환경 박물관과 함께 언급될 수 있다. 1960년에 생겨난 이러한 아이디어들을 탁월하게 조합해 발전시킨 박물관이 바로 파리에 있는 "조르주 퐁피두 예술과 문화 국립 센터"(Centre National d'art et de culture Georges Pompidou), 이른바 퐁피두 센터이다. 수년간의 건축 기간 이후 1977년에 개관했고, 여기서 모든 사람들이 동등하게 지식을 얻을 수 있었다. 이러한 사회 문화적 중심지는 예술 박물관, 도서관, 산업디자인 센터, 음악 센터, 아이들을 위한 공방, 영화관, 서점, 카페, 레스토랑을 포함한다. 건물과 건축을 포함해 다루는 주제와 전문적 내용 구성면에서 센터의 전체 개념은 새로운 열린 박물관이라는 개념을 가장 극명하게 드러낸다. 이를 위해 이 센터가 박물관이라는 개념을 자신의 명칭 속에 꼭 포함해야 하는 것은 아니다. 오히려 "센터"는 건축이 보여 주는 바와 같이 소통의 중심 공간이다. 건물의 기능적 부분들, 배관, 그 구조가 외부에서 볼 수 있으며, 창 표면은 투명한 인상을 주며, 에스컬레이터는 기술적 수준을 보여 준다. 상점과 산업이 이 센터의 기초를 형성한다. 이러한 건물 안에 박물관이 포함되어 있을 수 있다는 것은 적어도 1970년대에는 쉽게 이해될 수 없었으며, 모든 경탄에도 불구하고 거친 비판을 받았다. 이러한 발전에 대한 염려를 체코의 박물관 학자인 쯔뷔네크 스트란스키(Zbynek

Stránsky)는 다음처럼 표현한다. 우리는 "현재 수많은 새로운 박물관들이 오로지 소통 매체로 기획되고 있다는 사실의 증인이다. 이 모든 것이 박물관의 사회적 역할 강화에 기여했고, 앞으로도 기여하게 된다." 스트란스키는 이것이 매우 중심화된 박물관이 가지는 다음과 같은 문제와 연계된 문제들을 해결할 수는 없을 거라고 말한다. 한편으로는 박물관에서 활동하는 다양한 분야의 전문가들이 있으며 다른 한편으로는 박물관의 문제 및 필요와 관련해 훈련된 직원들이 있는데, 이들 간의 간극이 어떻게 극복될 수 있는가? 그는 미국의 동료 학자의 글을 다음과 같은 건조한 확신으로 인용한다. "우리는 박물관에 중요한 학자들을 두고 있다. 하지만 이들은 박물관 전문가라는 점에서는 아마추어에 불과하다"(Stránsky 1989, 40). 달리 표현한다면 퐁피두 센터에서 일하는 이들이 새로운 박물관을 어떻게 올바르게 대표할 수 있으며 새로운 형식에 맞는 전시회를 어떻게 기획할 수 있는가? 이들이 모범으로 삼을 수 있는 고유한 박물관 과학이 존재할 수 있는가? 이 물음은 오늘날까지 끝내 해명되지 않았다. 하지만 수많은 기획들은 이 물음이 아직도 현실성을 가지고 있음을 보여 주고 있다.

전시 기획, 박물관론, 박물관학, 박물관 과학, 『박물관 연구』와 『새로운 박물관학』 등은 1960년대 이후 박물관에 대한 연구 수준을 반영하고 있는 개념들이다. 하지만 이들이 전승된 박물관 개혁으로부터, 그리고 교양 있는 시민계급의 보관소라는 고전적 상으로부터 거리를 두기 시작하는 순간 위험한 결과를 낳게 된다. 박물관학의 첫 번째 교수 자리 중 하나는 1962년 브르노에 생겨났고, 이미 인용한 쯔뷔네크 스트란스키가 함께 힘썼다. 1971년 이후 국제 박물관 협회(ICOM)는 박물관학을 교육 분과로 인정했다. 그 이후 생겨난 박물관학 또는 박물관 과학을 위한 제도와 교수들은 그사이에 셀 수 없이 많게 되었다. 다양한 개념들에 대한 보편타당한 정의는 오늘날에도 아직 존재하지 않는다. 가장 기초적이고 일반적인 표현은 다음과 같다. '박물관은 인간을 자신의 현실에 대해 일정한 인식적이고 가치 평가적 관계 속으로 데려간다'. 이에 대한 반성은 이론-철학적이고 실천적인 실현 수준에서 이루어질 수 있다. 이 반성이 바로 박물관학의 과제다(Waidacher 1999, 37). 하지만 다양한 명칭이 존재한다는 사실만 봐도 박물관이 더 이상 정의적인 내용과 과제를 가진 분명하게 구획된 하나의 단위로 규정될 수 없음을 알 수 있다. 또한『새로운 박물관학(new museology)』이란 명칭은 박물관이 이데올로기적인 내용을 가지면서 시대의 전형적인 발전에 민감하게 반응하는 제도라는 점을 보여 준다. 그래서 박물관이란 제도는 자체 내 완결된 제도만이 가지는 지식의 규범을 가지고 있지 못하다. 투명한 내부와 외부를 가지는 완결된 체계로서 박물관을 이해하는 입장이 있는가 하면, 이와 반대로 그것을 역동적인 구조로 이해하는 입장이 있으며, 후자의 연구는 이 박물관과 결합해 있는 이데올로기 및 사회적 발전을 보여 주게 되며 그래서 문화 연구의 한 부분을 형성하게 된다. 박물관 학자인 프리드리히 바이다허는 이에 대해 다음처럼 쓰고 있다. "["새로운 박물관학"에 대한-저자] 지금까지의 저술들은 새로운 박물관학이 실제로 박물관 현상을 다루기 위한 새로운 화두를 제공하고 있는지 또는 새로운 박물관학의 추동력이 박물관학의 원천과는 다른 곳에서 유래하는 것인지에 대한 적절한 판정을 제공하고 있지 못하다"(Ebd., 142). 바이다허의 회의 또는 주저함이 근거가 있는지는 그냥 두기로 하자. 흥미로운 점은 이러한 회의가 학자에 의해 제기되었다는 점이며, 그는 지금까지 박물관, 박물관의 조건, 기능, 내용과 과제에 대한 종합적인 시도를 했다. 『일반 박물관학 안내서(Handbuch der Allge-meinen Museologie)』는 1993년 처음에 간행되었고, 어떤 점에서는 데

이비드 머레이의 박물관에 대한 마지막 거대한 기획과 조망의 연장으
로 이해할 수 있다. 머레이는 다양한 박물관들이 가지는 주제의 분화를
기술하고, 존재하는 박물관에 대한 개관을 제공하려고 시도했다. 거의
100년이 지난 이후 바이다허가 보기에 박물관은 점점 더 제도이자 학문
으로서 분명하게 인식되고 있다. 그의 안내서에서 바이다허는 역사적
인 박물관학, 이론적 박물관학, 응용 박물관을 구별하면서 "박물관 현
상"에 대한 일반적인 개관을 제공한다. 세 영역, 즉 역사, 이론, 응용의
구분은 그가 박물관을 고찰할 때 분명히 확정되어 기능하고 있는 제도
에 대한 명료한 이해에서 시작할 수 있다는 점을 보여 주고 있다. 제도
자체는 문제시되거나 의문시되지 않으며, 오히려 문제는 박물관학이
고유한 학문으로서 정당화될 수 있는지 여부이다. 그래서 바이다허는
기본적으로 1990년대 이후의 박물관에 대한 모든 새로운 이론적 기획
들로부터 자신을 구별한다.

　이 새로운 기획들은 박물관과 그 구조에 대해 반성하며, 박물관이 자
기 관계적이고 스스로를 "반어적 박물관"으로 기획한다는 공통적인 인
식에 기초를 두고 있다. 이에 대한 근거들은 굉장히 많지만, 이러한 변
화는 무엇보다 1960년대 이후에 진행된 변화에서 오며, 이 변화는 전에
는 "반성적 박물관 개념"이라 불렸다. 여기서는 더 이상 새로운 박물관,
새로운 박물관의 아이디어가 중요한 것이 아니라 박물관 개념의 다양
한 의미들을 따져 보는 것이다. 박물관 개념은 항상 보존하고 전시하는
제도를 가리키지만, 다른 생활 영역 또한 박물관이라 지칭될 수 있다.
물론 이는 예술가들이 이 박물관이란 단어를 자신의 개념을 포괄하기
위해 사용할 때 이루어진다. 이것이야말로 박람회와 박물관이 끝내 수
렴되는 순간이며, 더 이상 서로 분리될 수 없으며, 이 순간에 교육적 장
소로서의 박물관이라는 개념이 확장되어 다른 기능들 옆에 있는 하나

의 기능으로 등장하게 된다. 이미 하인리히 푸도어의 "현재적 박물관"(1910), 지그프리드 기디온의 "체험 박물관"(Lebendiges Museum, 1929) 또는 앙드레 말로의 "상상의 박물관"은 설명되었다. 이러한 노력 뒤에는 박물관에 대한 이해를 바꾸고자 하는 시도가 있었다. 그 이후에 —동시대적 예술의 눈에서 보면 우연적이지 않게—이에 대한 의견들이 덧붙여졌다. 예술가 후베어트 디스텔(Hubert Distel, 1970-1977)의 "서랍 박물관"이 박물관 개념을 반어화하는 반면, 하랄트 스쩨만(1970-1980)은 "강박의 박물관"이란 개념을 통해 큐레이터에 의해 주관적으로 형성된 박물관 내용을 가리키고 있다. 박물관과 박람회를 종합하면서 박물관 제도의 권위를 이에 대한 비판과 연결하려 시도하고, 이러한 확장된 박물관 이해에 대한 좋은 예가 바로 다니엘 스포에리(Daniel Spoerri)와 마리 루이제 폰 플레센(Marie-Louise von Plessen)의 "센티멘탈 박물관"(Musée Sentimental)이다. 예술가인 스포에리와 역사학자인 폰 플레센은 1977년 퐁피두 센터 개관을 기회 삼아 함께 첫 번째 센티멘탈 박물관을 세웠다. 이후에는 이런 종류의 다른 전시회들이 뒤따랐다. 센티멘탈 박물관이라는 아이디어는 역사와 현재, 주관적 회상, 공식적인 기념, 일상과 고급 예술로부터 유래한 대상이 대표할 수 있는 일정 지역, 대개는 하나의 도시에 기반을 둔다. 사소할 수도 있는 대상들이 회고적인 에피소드나 역사를 대표적으로 나타내며 카탈로그나 작품 설명 캡션을 통한 해설이 딸려 있다. 스포에리와 폰 플레센의 목표는 방문객이 유익한 역사 중 하나를 알든 혹은 전시된 일상적 대상과의 관계를 가지고 있든 상관없이 개인적인 관계를 가지게끔 하는 것이다. 박물관이 센티멘탈한 이유는 이상적인 경우에—관람자와 큐레이터의 입장에서—대상에 대한 감정적 관계가 형성될 수 있기 때문이다. 예를 들어 "파리 센티멘탈 박물관"(Musée Sentimental de Paris, 1977)과 그 이후의 "쾰른 센티멘탈 박물관"(Musée Sentimental de Cologne, 1979)은 그 이전 스위스의 전시 큐레이터인 하랄트 스쩨만이 시도한 바와 같이, 이미 이루어진 소위 고급 예술과 일상적 대상을 연결하려는 옛 시도의 전통 위에 서 있었다. 스쩨만은 〈도쿠멘타 5〉(documenta 5, 1972)에서 동시대의 예술 작품 옆에 인쇄 매체에서 뽑아진 그림들, 대중적인 성상 그림들, (1920년 신경의사인 한스 프린쯔호른(Hans Prinzhorn)의 표현인) 소위 "정신병자들의 그림"(Bildnerei der Geisteskranken)을 함께 전시했다. 스포에리와 폰 플레센, 스쩨만은 자신의 기획을 통해 무엇이 박물관화 및 전시의 고유한 과정을 결정하는지를 보여 주었다. 대상들은 그가 놓여 있던 문맥에서 분리되어 새로운 문맥 속에 놓이게 되고, 원래의 문맥과 새로운 문맥은 전시를 통해 대상에 수많은 의미를 부여할 수 있게끔 이웃 관계를 형성하게 된다(te Heesen 2011). 박물관의 이념은 반성적인 박물관 개념을 통해 확장되었고, 고전적인 교양 시민계급의 보관소 개념에 새로운 층위가 부가되었다.

1920년대에 이미 기디온이 희망했던 박물관 공간 속 실험이 새롭게 도입된다. 예를 들어 이미 서술된 박람회에서 형성되고, 여러 활동들을 포괄하면서 많은 사람들과 관계하고 그들에게 다가서는 그러한 확장된 예술 개념은 새로운 박물관을 위한 기초들 중 하나를 놓았다. 이 개념의 가능한 기획과 무엇보다 미래의 사회적 유토피아는 1970년 『미래의 박물관(Das Museum der Zukunft)』이라는 책 속에서 다뤄지게 된다. 이 책에 있는 글들은 1968년 이후의 정치적 사건들이 논의 속에 들어와 있다는 점, 그리고 과거의 성전을 제한 없이 들어가게 된 것이 중요한 계기라는 점을 보여 준다. 또는 하노버의 케스트너 협회의 전 회장인 비일란트 슈미트(Wieland Schmied)는 다음처럼 말하고 있다. 현재의 예술은 "자신의 기초에서 뛰어내렸고" 그래서 "관람자의 눈높이에" 서 있다. "예술은 더 이상 도달 불가능한 대상이 아니라 관람자의 짝이 다"(Bott 1970, 252). 중심 주제는 관람자 및 대상의 유동성이자 박물 관과 현재의 연결 가능성, 미래의 기술적 가능성이다. 모니터가 상설 전시에 도입될 수 있는가? 박물관은 어떻게 "유동적인 사회가 보여 주 는 운동력에 대응"할 수 있는가"(ebd., 89)? "예배 때의 고요함을 커다 란 사무실의 중립적인 소음 정도로" 대체하는 것이 중요한 것이다 (ebd., 284). 1970년대에 박물관 교육이 도입되고, 새로운 전달 형식이 발전되어 연구 및 전시 과제 외에 박물관이 이벤트 특성을 얻게 된 것 은 놀라운 것이 못 된다. 이벤트와 행사를 통해 운동이 고요한 벽을 넘 어오게 된다. 박물관은 독일에서 교육개혁의 시기에 일반 대중이 지식 을 얻는 가장 중요한 기초 중 하나이며, 문화 정책은 바쫀 브록(Bazon Brock)에서 헤어만 글라저(Hermann Glaser)에 이르기까지 중심적인 주제어이다. 박물관 교육자들은 박물관의 문턱을 낮추고, 박물관을 다 양한 사회적 층위에서 접근하도록 흥미 있게 구성하며, 아이와 청소년 들을 이 공간 속으로 끌어들이려고 노력했다. 박물관은 운동을 받아들 이면서 이를 낯선 것으로 다루지 않았다. 이러한 교육 노력으로 박물관 은 고다르(Godard)와 반대 길로 들어선다. 우리가 이러한 발전을 고찰 하게 되면 1980년을 전후해서 박물관에 대한 새로운 이해가 탄생한 것 은 매우 흥미 있는 일이다. 이러한 이해는 처음에는 느리지만, 1990년 대에는 제도 전반에 영향력을 행사해 이를 바꾸게 된다. 이제 근세 초 기 진기명품 보관소에 대해 새롭게 생긴 관심을 보면 지식의 모든 분과 를 포괄하려는 소망을 감지할 수 있는데, 여기서 대상들은 단순히 사전 지식을 통해서가 아니라 연상 및 세심한 관찰을 통해서도 이해될 수가 있다. 인간(및 방문객)의 감각적 인식능력의 향상이 주된 관심의 초점이다. 이로써 프랑스 혁명 이후 중요시된 박물관의 정치적 차원이 배제되고 박물관은 다시금 자신의 옛 모델로 다가서려고 시도한다. 박물관의 이념은 여기서 (바타유가 기술하듯) 단두대 이념에 연결되는 것이 아니라 예술과 자연의 동등하게 현전하는 대상들의 상호 연상적 공간에 연결된다. 이를 통해 매력적인 한 모델이 개발되었는데, 이는 자신의 시간적 유래인 르네상스에 충실히 머무는 조건에서 매력적 잠재성을 유지할 수 있었다. 이후에 혼합적으로 배치된 대상을 위한 다양한 개념이 고안되었다. 이 대상들은 연상적 가능성을 제공하면서도 명료하게는 해석될 수 없었고, 그래서 논쟁을 불러일으킬 만한 잠재성을 발전시킬 수 없었다.

오늘날에는 고전으로 통하지만, 원래는 1908년에 나온 율리우스 폰 슐로써(Julius von Schlosser)의 『르네상스 후기 진기명품 보관소(*Die Kunst- und Wunderkammern der Spätrenaissance*)』의 새 판이 1978년에 간행되었다. 『쾰른 센티멘탈 박물관』의 전시 목록에 바쫀 브록은 1년 뒤에 스포에리와 폰 플레센의 쾰른 전시를 그러한 진기명품 보관소와 비교하게 되는데, 서로 다른 대상들이 공간 속에 나란히 놓이게 된다. 경이로운 무언가를 품은 대상들도 전시되지만 이들은 완전히 설명될 수 없고, 그래서 인간의 감정을 자극하게 된다. 1982년에 예술사가 호르스트 브레데캄프는 논문「고대 동경과 기계 믿음(*Antikensehnsucht und Maschinenglauben*)」을 쓴다. 이 논문은 11년 이후 간행된 논문과 동일 제목에 자신의 거대 기획의 부제인 "예술사의 미래"가 붙은 책의 기초를 형성했다. 1985년에는 마침내 근세 초기 유럽의 수집에 관한 포괄적인 수집사적 저술인 어서 맥그레거(Arthur MacGregor)와 올리버 임페이(Oliver Impey)의 『박물관의 기원들. 16, 17세기 중부 유럽 진기명품 보관소들(*The Origins of Museums. The Cabinets of Curiosities in*

Sixteenth and Seventeenth Century Europe)』이 편집 간행된다. 이는 바로 박물관과 수집소를 더 이상 그 자체로부터, 즉 이들의 기능 방식의 논리에 따라 서술하는 것이 아니라 다른 학문적 분과가 이 대상에 관심을 가지고 박물관을 여러 가능한 저장 및 표현형식들 중 하나로 고찰하게 된 순간이다. 브레데캄프의 책은 가장 먼저 16, 17세기 및 계몽 시기로의 이행기를 배경으로 진기명품 보관소의 대상 세계에 대한 예술사적으로 검증된 서술이다. 중심에는 보관소 속에서 자극받으며 유희적인 활동 속에서 지적 호기심으로 뒤바뀔 수 있는 기적과 놀라움이라는 인간의 특성이 놓여 있다. 보관소는 갖은 노력과 재정적 모험으로 세워진 세계의 핵이다. 수많은 저술(예를 들어 베슬러, Beßler 2009, 마이어-도이취, Mayer-Deutsch 2010)을 낳은 이러한 연구 중점으로부터 일정한 기능을 하게 될 새로운 미래의 박물관에 대한 하나의 모델이 도출되었다. 박물관을 위한 예술 보관소 개념은 두 가지 방식으로 기획된다. 먼저 단기적으로 하나의 모델이 등장했는데, 이를 통해 그동안 비난받던 박물관의 풍부함과 과도함이 정당화되고 유익한 것이 된다. 왜냐하면 진기명품 보관소를 그린 그림을 보면 진열장이 천장까지 채워져 있고, 천장 자체가 가장 커다란 대상이자 빠뜨릴 수 없는 악어상까지도 전시하는 장소로 이용되는 것이 특징이었기 때문이다. 현대적 박물관의 풍부함이 완전히 다른 종류라 해도, 이 르네상스식 저장소는 놀라움을 간직하고 있으면서 관람객에게 고유의 매력을 안겨 줄 수 있는 장소로 발견되었다.[2] 다른 한편으로 진기명품 보관소는 지식의 통일적 장소로 고찰되었다. 여기에는 자연물과 인공물이 함께 놓여 있을 수 있고, 거의 초현실적으로 느껴질 만큼 서로 다른 대상들이 나란히 놓이기

---

2 최근 "전시 저장소"(Schaudepots)와 "전시 장소"(Schaulagers)라는 개념으로 논의가 이어지고 있다(이에 대해서는 Natter/Fehr/Habsburg-Lothringen 2010).

에, 이것이 연상적으로 기능하는 고유의 인식 모델을 이미 준비하고 있었다. 여기서 예술과 학문이 상응했다. 1990년대에 많이 이야기된 학제성이 역사적이고 현대에도 유효한 매력적인 짝을 발견하게 되었다.

물론 슐로써의 『르네상스 후기 진기명품 보관소』의 새 판으로부터 센티멘탈 박물관과 예술사적 저술들을 거쳐 박물관에 대한 오늘날 우리의 이해에 이르는 직선을 그을 수는 없다. 하지만 그때부터 간행된 수집사적인 고찰들은 반성적이고 반어적인 박물관 개념에 중심적이었다. 오늘날엔 진기명품 보관소를 재현했거나, 자기 자신의 역사를 설명하는 박물관은 없으며, 전승된 수집품과 전시의 질서를 시대에 뒤떨어졌다고 버리기보다는—적어도 부분적으로—보존하고, 새로운 설명과 배치를 하는 박물관만이 존재한다. 컴퓨터의 도입으로 자료의 보존과 배치가 자료 찾기와 이해에 결정적이라는 점이 분명해졌다. 진기명품 보관소는 다시금 역사 공간적 비교물이 된다. 이를 통해 박물관이 도서관, 보관소와 더불어 지식의 저장소였다는 점, 그리고 고유의 매체적 특성에 따른 합법칙성에 따라 기능했다는 점이 분명히 드러나게 되었다. 말로는 이미 1947년에 인간의 지식이 박물관이 포괄할 수 있는 것보다 더 많은 것을 포괄한다고 주장했다. 증가하는 기능과 디지털화로 박물관의 수용 능력뿐 아니라 대상이 미치는 효과의 정도에 대한 물음이 제기되었다. 그렇기 때문에 이 시점에 진기명품 보관소 모델이 희망차게 보인 것은 우연이 아니다. 왜냐하면 저장소는 풍부함과 의미를 통합하는 것을 약속하기 때문이다. 자연과 예술의 통일을 보여 준 황금시대에 대한 동경은 1990년대에 그 어디보다 미국 로스앤젤레스의 쥐라기 기술 박물관(Museum of Jurassic Technology)에서 극명하게 응용되었다. 여기서는 호기심을 불러일으키는 대상들이 전시되는데, 이들은 한편으로는 매력을 뽐내며 (조각된 앵두씨처럼) 그 의미에서 설명되

면서, 다른 한편으로 (한 여자의 머리에서 자라난 뿔처럼) 우리의 학문
과 박물관에 대한 이해를 뒤집으며 진기명품 보관소 모델을 반어화한
다.[3]

박물관의 해석

반어적으로 사용되든 아니든 간에 박물관은 궁극적으로 지식의 질서로
등장하게 되었다. 이 제도는 이제 예술사와 학문사적 관점을 균형 있게
포괄하는 그의 전체 대상 범위에서 이해되었다. 박물관과 수집소는 더
이상 지역 소개와 예술사적 이론의 의미에서만 하나의 주제가 아니라
문화적 보관과 지식 보존의 중심 공간으로 인식되었다. 지식을 생성하
고 보존하는 것에 대한 물음이 제기되는 시점에 박물관 연구는 박물관
이 전해 주는 세계상과 지식 유형에 시선을 돌렸다. 이러한 고찰의 기
초에는 내가 중심적이라고 생각하고 다음 연구의 시초를 이루면서 중
요한 개념적인 기초를 놓은 다섯 가지 텍스트가 있다.

　가장 큰 영향을 미친 이론적 개념은 역사가 크르쮜스토프 포미안이
기호학을 수집 영역, 더 정확히는 의미 담지자인 대상에 적용하면서 당
시 인기 있던 기호학을 통해 1980년대에 발전시킨 것이다. 그는 "기호
담지자"(Semiophor)란 개념으로 박물관의 기초적인 기능을 정리했다.
수집물, 즉 "경제적 활동의 순환에서 잠시 또는 완전히 떼어 내어 이 대
상들을 걸어 전시하려는 목적으로 설립된 장소에 자연 대상과 인공 대
상을 함께 놓는 것"이 이 개념의 기초이다(Pomian 1988, 16). 여기에
포함된 대상들은 양면적인데, 왜냐하면 이들은 물질적 측면과 기호학

3　저널리스트 로렌스 웨슐러(Lawrence Weschler)는 이러한 박물관에 대한 서술로부
터 모든 박물관이 진기명품 보관소로부터 유래한다고 주장한다(Weschler 1995).

적 측면을 소유하기 때문이다. 물질적 측면은 대상의 물리적이고 외적인 특성이다. 기호학적 측면은 "볼 수 있는 특징들로, 이들은 현존하지 않는 무엇을 순간적으로 볼 수 있게 만든다. […] 가시적 특징들은 여기서 비가시적 관계의 담지자로 기능한다. 이 비가시적 관계는 물리적 관계와 달리 손이 아니라 시선과 언어를 통해 확립된다"(Ebd., 84). 사물은 수집되자마자 기호 담지자가 된다. 포미안은 계속 설명하기를 기호 담지자를 고찰하게 되면 "우리는—대개의 경우 무의식적으로—이러한 의미를 해독하게 되며 이를 언어로 번역하게 된다. 왜냐하면 우리는 달리 이들을 파악할 수 없기 때문이다. 그래서 이들 담지자와의 접촉은 언어적 생산의 기회를 제공한다"(Ebd., 89/90). 포미안은 이러한 매우 단순하게 보이는 생각을 통해 일련의 연구를 촉발했고, 이 연구들은 박물관에서의 사물과 그 의미를 다뤘다. 이제 최근의 정신과학적 논의에서 포미안이 중심에 놓여 있지는 않지만, 그는 프랑스에서 형성된 기호학 이론을 예술 전문가의 지식과 결합시킨 이론가들 중 하나인 건 확실하다. 포미안은 이론을 유행, 일상적 대상 또는 시트로엥의 DS(Déesse, 자동차 브랜드)가 아니라 메디치의 꽃병, 어떤 면에서는 넓은 의미에서 구조주의적 이론에 의해 배제된 대상에 적용했다. 동시대 또는 그 이전에 특정한 방법적 관점과 문제 제기의 배경 아래 박물관을 역사적으로 탐구하는 이론적 기획이 생겨나게 된다.

　박물관에 대한 반성적 접근은 먼저 포미안과 같은 문화학 전공 학자들로부터 시작되었다는 점이 특징이다. 이러한 이론들은 '언어적 전회'라는 배경에서만 이해할 수 있으며, 그 저술들이 『새로운 박물관학』을 형성했다. 이 이론들은 제도를 최적화한다는 의미에서가 아니라 그것의 이데올로기적이고 재현 기술적 조건의 관점에서 박물관의 기능 방식에 주목한다. 모범적 연구 중 하나는 생물학자이자 학문사가인 도나 해러웨이(Donna Haraway)가 보여 줬다. 〈게릴라 소녀들〉(Guerilla Girls) 예술 프로젝트가 동일 시점의 박물관 예술사 전시에서 여자들의 부재를 보여 줬다면, 해러웨이는 동일한 방향을 자연사적 관점에서 보여 주는 대변인으로 이해할 수 있다. 그녀는 1984년 미국 자연사 박물관(American Museum of Natural History)에 관여하면서 지식사회학적 관점에서 파충류 입체 모형이 1930년대에 어떻게 등장하게 되었는지를 전시한다. 이를 위해 그녀는 참여했던 인물들, 시도된 수집 탐험들, 박제 기술과 입체 모형을 통해 동물들이 박물관에 전시되던 과정 전체에서 일어난 갈등을 탐구한다. 이 텍스트의 기초는 박제된 대상들의 (겉보기의) 죽음과 생의 대립이다. 그녀는 이 대립에 항상 다시 돌아오며, 이것이야말로 그녀가 "자연"을 다룰 때의 상징이다. 자연은 죽은 대상의 도움으로 전시되며, 이 전시는 생명과 "에덴동산"을 상징화해야 한다. 해러웨이의 목표는 박물관 분석이나 이 제도의 더 나은 이해가 아니다. 그녀는 미국 자연사 박물관을 종, 인종, 사회적 층위라는 심층 분석해야 할 커다란 범주를 위한 하나의 탐구 사례로 여긴다. 그녀의 주장은 정치적이다. 그녀는 자연이 거대한 지식 제도 속에서 보이는 것처럼, 자연의 지각이 가부장적 가족이라는 모델, 백인 남성의 우월 지각이라는 모델, 미국인의 (시각)교육과 얼마나 연관되어 있는지를 보여 주려 한다. 박물관은 시간을 통해 발전하는 제도로 지각되고, 중요한 의미가 부여되어 있으며, 자신이 보존하고 전시하는 것보다는 사회에 대해 더 많이 이야기를 한다. 해러웨이는 이러한 제도의 정치적 함축을 보여 준다. 이를 통해 그녀는 두 가지를 시도하는데, 먼저 그녀는 입체 모형, 시선 조정과 심층구조에 대한 상세한 묘사를 전개한다. 이를 통해 그녀는 동물, 식물, 돌이 자연스레 놓여 있는 장면이 자연과는 아무런 관계가 없고, 오로지 문화와 관계된 자연성에 대한 특정 개념들에 의해 규정된다는 점을 보여 준다. 두 번째로 그녀가 보기에 박물관은 자신에게 부여된 보존의 과제를 수행하고 있다. 하지만 이는 특정한 배경 하에서만 그렇다. "생명은 서구 정치 이론의 시민 원형경기장, 즉 인간의 자연적 육체로 변형된다"(Haraway 1984/85, 21). 박물관은 특정한 이데올로기적 틀 내에서 기능하는 전체 세계상이 "시각 경험을 통한 촉발"을 통해 확정되는 지속의 장소로 기능한다. 현재까지 박물관과 입체 모형의 홀은 이들의 건립자가 의도한 정글 천국으로 떠나는 여행을 위한 타임머신이다. 이 천국에는 정돈된 생명과 죽음, 위와 아래, 가족과 생명을 위한 주거지가 예정되어 있다. 입체 모형의 창시자인 칼 에이클리(Carl Akeley)가 "정글로 난 작은 구멍"이라 불렀던 것을 해러웨이는 "지식으로 난 창"(ebd., 24), 즉 이러한 천국을 묘사하는 문맥에 대한 지식이라고 표현한다.

도나 해러웨이의 논문은 박물관의 장소에 대한 학문사적으로 검증된 여성주의 연구의 고전이다. 이 텍스트로 그녀는 오늘날 "박물관 분석"이란 이름의 분야를 형성했다. "박물관 분석"이 도대체 무엇인지 누구도 정확하게 이야기할 수는 없지만, 이 개념을 어떻게든 규정할 수 있다는 확신은 존재한다. 네덜란드의 문예학자이자 문화학자인 미케 발(Mieke Bal)은 간접적으로 이 개념을 정의했다. 그녀는 "문화 연구"란 개념에 "문화 분석" 개념을 대립시키면서 '문화 연구'가 항상 직면했던 '애매하다, 정확성이 없다, 무규정적이라는 비판'에 대응하고자 했다. 문화 분석은 일정한 해석 도구의 도움으로 이루어질 수 있다. 2002년 독일어로 쓰인 논문 「말하기, 보여 주기, 뽐내기(*Sagen, Zeigen, Prahlen*)」에서 그녀는 뉴욕에 있는 미국 자연사 박물관(American Museum of Natural History)를 연구한다. 해러웨이가 입체 모형에 몰두한 반면, 발은 토착 민족들, 동물 표현과 인간 문화 간의 문제적인 친근성을 대상으로 하는 박물관 분야를 다룬다. 발은 매우 자세히 전시를 관찰하고는 문자와 대상 간의 전시 구성에 집중하고 작품 설명 캡션의 다양한 내용들을 분석하면서 "아시아 민족의 홀"을 집중적으로 관찰한다. 누가 말하는가? 누가 전시의 주체인가? 이 주체는 무조건 큐레이터 또는 박물관의 다른 구성원이 아니라 인물, 전시 배치, 대상의 망이며, 이는 놀라운 일이 아니다. 이것은 박물관의 "말하기"에서 책임이 있는 여러 조건들의 집합을 지칭하는 행위자-네트워크 이론(Actor-Network-Theory)과 비슷하다. 여기서는 전시 부문의 담론 분석이 중심이 된다. 그녀의 분석은 전시 부문 담론을 논의하면서 어떠한 인류학적 스테레오 타입이 놓여 있는지의 물음으로 나아간다. 그녀의 분석은 그녀가 어떻게 "전시 방식이 문장 내용에 관계하는지"를 정확히 관찰했기 때문에 가능했다(Bal 2002, 79). 이전 장에서 이미 언급한 "반성적 박물관 개념"은 그녀의 텍스트에서 "메타 박물관" 서술의 연장선상에 놓여 있다(ebd., 78). 발에게 "메타 박물관"은 박물관 속에 있는 박물관으로서 자신만의 역사를 가지며 뉴욕 박물관의 경우와 같이 자신만의 관리 체계, 자신만의 이데올로기적 장소, 그래서 다른 문화에 대해 지녔던 특정 시각 방식의 공동 책임을 반성하면서 이를 방문객에게 알린다. 메타 박물관은 반어적 박물관의 정당한 후계자이다.

해러웨이와 발의 논문을 이렇게 나란히 소개하는 것은 그 차이에도 불구하고 많은 시사점을 주는데, 왜냐하면 수집사적인 측면에서뿐 아니라 담론 분석적 측면에서 볼 때, 두 텍스트는 지식(과 학문)구성을 미세하게 구별하고 이를 서술하고 있다는 점이 분명하기 때문이다. 기본 물음은 항상 다음과 같다. 어떻게 전시된 대상이 관찰하는 주체를 통해 구성되며, 여기서 어떠한 요소가 결정적인가? 먼저 기호학적인 접근이 어떤 역할을 담당하며, 어떻게 박물관에서 지식이 재현되는지는 분명하다. 1990년대 초 이렇게 분석하려는 이들에게 마법적 표현은 바로 "재현"이며, 샤론 맥도날드(Sharon Macdonald)는 피터 버고(Peter Vergo)와 다른 이가 요구했던 '새로운 박물관학'(New Museology)이 여기에 기초를 두고 있다고 본다(Vergo 1989, Macdonald 2010, 52).

마지막으로 1990년대 초기에 박물관 이념과 그것의 사회적 기초를 역사적이고 이론적으로 다룬 두 책이 간행된다. 여기서 두 저자는 미셸 푸코를 두 가지 목적을 위해 참조하는데, 첫 번째는 방법론적 관점에서 박물관의 고전적인 선형적, 진화론적인 역사를 다루고, 박물관에 대한 생각의 변화하는 개념, 단절, 균열을 명확히 한다. 두 번째는 이들은 박물관을 통제의 특수한 장소로 묘사하고, 그것이 무엇보다 19세기 자본, 시장(市場), 장터의 전시 세계와의 연관 속에서만 이해될 수 있다는 점을 보여 주고 있다. 에일린 후퍼-그린힐은 1992년 그녀의 책 『박물관과 지식의 형성(Museums and the Shaping of Knowledge)』에서 박물관의 합리성이 무엇이며, 박물관의 지식이 무엇일 수 있는지, 그것이 어떻게 생겨나는지를 묻는다. 그녀는 박물관에서 이루어지고 있는 전문적이고 문화적이며 이데올로기적 활동을 다루면서 이를 르네상스에서 현재까지 추적한다. 그녀에 따르면 박물관은 전시된 것을 분류하고 질서 잡고, 틀을 지우는 체계이다. 이 틀 속에 무엇이 들어오며 틀 바깥에는 무엇이 있는가? 후퍼-그린힐은 현대적 박물관의 변화가 최근에야 비로소 생겨난 것이 아니라 뮤즈 여신의 성전이라고 여겨진 수집소와 박람회, 쿠스토스와 방문객의 혼합이 이미 몇몇 기초적인 변화를 이끌었음을 보여 준다. 그래서 그녀는 다음을 보여 주고자 한다. "박물관은 대영 박물관과 같은 민족주의적 문화전당의 이미지로 더 이상 건립되고 있지 않다. [⋯] 박물관의 이러한 정체성에 대한 고정관념은 때때로 완강하게 주장되었고, 최근까지도 거의 유지되고 있다. 하지만 박물관과 관련해 한가지 형식의 실재만을 고집하면서 오직 한가지 실현 모드만이 존재한다고 가정하는 것은 잘못이다"(Hooper-Greenhill 1992, 1). 그녀의 박물관에 대한 관점은 다음처럼 요약될 수 있다. "현대 시기에 지식은 더 이상 르네상스 에피스테메의 비밀스럽고 폐쇄된 순환적 구조에 의해 형성되지 않는다. 또한 고전주의적 에피스테메의 평평하고 분류적인 차이표에 의해서도 아니다. 이제 지식은 지식이 사람들과 가지는 관계를 통해 정의되는 3차원적인, 전체론적 경험을 통해 구조화된다. 아는 행위는 '배우는' 주체와 '가르치는' 주체가 동등한 힘을 가지는 환경 속에서 경험, 활동, 즐거움의 혼합을 통해 형성된다"(Ebd., 214). 물론 저자는 르네상스부터 후기 현대에 이르는 너무 성급하고 허술한 선을 긋고 있긴 하지만, 그녀는 박물관을 여러 세기의 긴 시간적 공간을 걸쳐 비교 연구한 첫 번째 사람이었다.

　토니 베넷은 3년 뒤에 후퍼-그린힐의 연구를 이어받으면서도 동시에 이것으로부터 결별한다. 후퍼-그린힐은 박물관의 역사를 박물관의 분류 및 전시 활동의 변화로 서술하는데, "이는 박물관에 내재적이다"(Bennet 1995, 5). 하지만 베넷은 박물관을 현대 세계의 다른 제도와의 관계 속에서 고찰하면서, 이를 정치적 문맥 속에 편입시킨다. "공공 박물관은 잘 알려져 있듯이 18세기 후반과 19세기 초반 동안에 자신의 현대적 형식을 획득했다. 그 형성 과정은 그것이 걸린 시간만큼 복잡했으며, 매우 분명하면서도 직접적으로 초기의 수집하는 제도—예를 들어 박물관과 나란히 발전했던 만국박람회와 백화점—의 활동을 변형하는 것을 포함했다"(Ebd., 19). 그에게 중요한 것은 박물관을 고립된 관찰로부터 벗어나게 하는 것이며, 그래서 예술과 지식 보관소에 만국박람회와 놀이공원을 추가하는 것이다. 후퍼-그린힐을 인용하면서 그는 박물관이 처음부터 다음과 같은 두 가지 대립적인 기능, 즉 "예술의 엘리트 성전으로서의 기능과 대중 교육을 위한 공리주의적 도구로서의 기능"(Ebd., 89)을 지니고 있다고 규정한다. 이러한 모순은 박물관 자체에 내재해 있으며, 전시의 변화를 유도한다. "공공 박물관은 지속한다고 여겨지는 사물들을 질서 있게 배치했다. 그렇게 함으로써 박물관은 심오하고 연속적인 이데올로기적 배경을 지닌 현대적인 국가를 재현했지만, 박물관이 제대로 역할을 수행한다면, 여기서 재현되는 국가는 단기적인 이데올로기 조건에 맞춰질 수 없었다(Ebd., 80). 베넷은 한편으로는 상품 박람회와 놀이공원을, 다른 한편으로는 박물관을 서로 대립하는 체계로 보지 않고 하나이자 동일한 동전의 양면으로 본다. 이 둘의 공통점은 사물을 전시, 배치하여 방문객의 시선을 끌고 통제하는 것이다. 베넷이 언급한 "전시 복합체"(Exhibitionary Complex)는 대상과 방문객을 배치하고, 인간을 정치-이데올로기적 질서 속에 편입시킨다. 그래서 그는 박물관을 무엇보다 사회적 공간으로 본다. 여기서 방문객은 국가의 정치권력의 재현 구조 속에 편입된다(ebd., 24). 후퍼-그린힐과 베넷은 박물관에 대해 그때까지 항상 개별 분석에서만 나온 비판적인 입장들을 종합하면서 이를 일관적으로 서술했다.

포미안에서 베넷에 이르는 다양한 입장들은 박물관과 수집소의 기능 방식을 보여 주고, 제도 비판적이라는 점에서 공통적이다. 이들은 박물관을 비판하며 이를 능동적으로 새롭게 구성하려는 실천가들의 입장에서 논의하지는 않는다. 오히려 이들은 거리를 두는 분석적 태도를 취하며, 단순히 "메타 박물관"(미케 발)뿐만 아니라 또한 박물관 연구 또는 박물관 과학에 대한 메타 학문을 제시했다. 이전의 박물관학적 연구들이 무엇보다 응용 박물관학에 집중되었다면, 1980년대에는 박물관에 대한 새로운 시각이 추가되는데, 이것이 바로 『새로운 박물관학』이다. 이는 박물관을 해석해야 할 재현 장소로 바라본다. 이러한 박물관은 새로운 의미를 생성하고 권력을 실행하며 특수한 인식 방식을 제공한다.

이를 통해 예술 박물관의 우선성이 허물어진다. 이처럼 박물관을 지식의 정돈과 보관소로 고찰하는 것은 자연사 박물관을 우선적인 것으로 만든다. 자연사적 분류, 생물학적 및 과학사적 연구와 복어나 줄지어 나는 나비와 같은 대상들의 미적 효과는 이제 연구자나 대중에게 커다란 매력을 행사한다. 진기명품 보관소의 조건, 즉 대상에 대한 이성과 감정의 종합이 여기서 직접적으로 연결된다. 젖은 표본과 회화를 한 공간 속에서 보여 주는 것은 1990년대까지는 생각될 수 없었지만, 이제 자연사적, 그리고 넓은 의미에서 자연과학적 대상이 희귀해지고 확장 전시되면서 예술과 학문은 매우 가까워지게 된다. 이는 먼저 박물관이 아니라 거대한 주제 박람회를 통해 이루어지는데, 예를 들어 1989년 빈에서 열린 "기적의 장소, 현대적 영혼의 역사"(Wunderblock. Eine Geschichte der modernen Seele)와 1993/1994년 파리에서 열린 "육체에 걸친 영혼. 예술과 과학 1793-1993"(L'âme au corps. Arts et sciences, 1793-1993)이 해당한다. 이 시기 생겨난 박물관에 대한 새로운 학문사적 연구는 확장된 박물관 역사를 위한 중심적인 연결점이 된다. 근세 초기 박물관을 지식 교환 및 사회적 관계의 장소로 보여 주는 파울라 핀들렌(Paula Findlen)의 「박물관. 그의 고전적 어원과 르네상스 생성 (The Museum. Its Classical Etymology and Renaissance Genealogy, 1989)」과 같은 연구들은 박물관의 개념을 확장하고 있다. 박물관은 실험실 또는 갈등 장소일 뿐만 아니라 분석되어야 할 지식 전달 및 정치적 소통의 공간이 되었다. 이로써 첫 번째로—이미 해러웨이가 보여 준 바와 같이—오늘날 선전되고 있는 국제적인 지식 소통이 아니라 먼저 이제 발견되어 분석되어야 할 비국제적이고 이데올로기적인 지식 소통이 문제시된다(vgl. etwa Penny 2002; Lauskötter 2007). 여기서 브루

노 라투어(Bruno Latour)를 포함한 지식사회학자들이 고찰한 행위자
―네트워크―연결 구조가 박물관에도 적용되었다. 과정이 지식 생성을
위한 분석 및 이해 범주로 전면에 놓여 있다. 전시 이벤트와 수집 이벤
트, "수집과 전시"(Gottfried Korff)가 전면에 등장한다. 어떻게 분류가
이루어지는가? 어떤 것이 수집되고 어떤 것은 배제되는가? 어떻게 전
시가 기획되고 건립 기간 동안 큐레이터와 대상 간에는 어떠한 상호작
용이 이루어지는가? 이를 위해 예술 박물관과 자연사 박물관은 가장 선
호되는 연구 장소였다.

메타 박물관

건축가 파울게어트 예스베르크(Paulgerd Jesberg)가 1970년에 이미 언
급한 책『미래의 박물관』에서 19세기 박물관이 죽었다고 주장할 때, 그
는 미래주의자들의 의미에서 이 제도와 그 역사의 파괴를 의도한 것이
아니라 반대로 이 제도의 절대적 완성을 요구하고 있다. 그가 세운 기
획의 기초는 박물관의 교육 과제와 연구 과제를 새롭게 연결하는 것이
다. 1965년에 독일 학술 자문 회의는 박물관의 재정적 수단의 확충을
권고했고, 연구 기관으로서의 그 기능을 강화했다(Empfehlungen
1965). 1974년에 다시금『박물관 건의서(Denkschrift Mussen)』에서 제
기된 목표는 "박물관을 전체로서" 다루고, 그것을 "문화재 및 예술재의
연구 및 기록 수단으로, 그리고 교육 과제의 제도로 표현하는 것"이었
다(Denkschrift 1974, 11). 하이너 트라이넨(Heiner Treinen)은 독일
연구 협회가 주도한 건의서에서 "보편적으로 수용되는 문화 기록의 원
칙"을 "박물관의 기초"라 규정한다. 이 원칙은 특히 "유력한 미래를 위
한 박물관 제도의 연속성"의 기초이다(ebd., 30). 1965년과 1974년에

나온 이 두 가지 공식 문서 사이에 「미래의 박물관-과제, 건축, 시설, 운영(*Das Museum der Zukunft - Aufgabe, Bau, Einrichtung, Betrieb*)」이 발표되었다. 파울게어트 예스베르크는 여기서 종합 박물관 또는 연합 박물관 개념을 발전시킨다. 이 개념에서는 지속적인 운동과 교체되는 대상들이 전시의 주요 동기를 이룬다. 방문객은 더 이상 관찰자의 경외스러운 태도에만 머무는 것이 아니라 전시 사건 속으로 능동적으로 파고들고, 잡지 공간은 대중에게 개방되며, 수집 물품들은 "상품 자판기에서처럼 가져갈" 수가 있다(Jesberg 1970, 145). 그는 1970년에 "미래의 박물관"을 "중앙 통제소" 속에서 본다. 그것은 다양한 주제의 수집 부문들 ―자연사, 예술, 민속, 기술 등등―을 통합하여 중앙 수집 박물관으로 나아간다. 이미 박물관 개혁 시대에 빌헬름 라인홀트 발렌티너(Wilhelm Reinhold Valentiner)가 주목했던(Valentiner 1919) 중앙 박물관이라는 아이디어가 여기서 다시금 수용된다. 그래서 박물관은 가장 최신의 기술과 새로운 매체로 실현되어, 결정적으로 정보 전달의 매체로 파악되어야만 한다. 예스베르크는 여기서 앙드레 말로의 "상상의 박물관"을 끌어들인다. 물론 그는 이 박물관을 사진 복제로 채우는 것이 아니라 대규모 대상 수집소로 규정한다는 점에서 차이가 있다. 여기서 그는 박물관을 이동성과 소비의 새로운 요구에 맞출 기회를 보고 있다. 미래의 박물관은 그의 생각에 따르면 주체 중심의 "정보 박물관"으로만 존속할 수 있으며 자신의 "사회 내의 지위를 항상 새롭게" 정의해야만 한다. "이는 도시적 세계에서 남겨진 텅 빈 공간으로서, 이 공간은 항상 다시금 새롭게 새로운 아이디어와 체험 내용으로 채워진다"(Jesberg 1970, 148/149).

이러한 생각은 수집 개념에서도 반복된다. "오늘날 초기 산업화 시기, 유겐트슈틸과 1920년대에 나온 상품들을 수집하는 것은 이미 너무

늦은 것이다. 오늘날엔 오늘날 나온 상품을 수집하는 것이 필수적이다. 왜냐하면 소비사회의 새로운 합법칙성은 보관에 어떠한 의미도 발견하지 않기 때문이다. 산업 생산물, 가정 도구, 기계, 유행, 직물, 상업미술, 가구, 미술품들, [⋯]은 다음날 오늘에 대한 이미지를 그릴 수 있기 위해 오늘 바로 수집을 필요로 한다"(Ebd., 143). 빠르게 발전하는 진보라는 동기는 현대적 경험의 상징이며, 이는 이미 19세기에도 마찬가지였다. 19세기에 "구원"의 개념으로 표시된 것이 지금은 상품 저장소와 동일하게 중앙 제도로 구현되어야만 한다. '보존하다', '역사화하다'와 '능동적으로 형태화하다'라는 양극단 사이에서 예스베르크의 박물관은 움직인다. 그는 이를 현대 예술의 박물관에 대한 의지에서 다음과 같이 예시적으로 보여 준다. 현대 예술은 과거에 관심이 없으며, "현대 예술은 어제를 위한 기준을 원하지 않으며, 박물관을 변증법적 파트너로 원하지 않으며, 현대 예술은 의식을 미지의 경험을 통해 확장하려 한다." 하지만 현대 예술은 박물관과 결합해 있다. 박물관의 과제는 다시금 현대 예술에 반응하는 것이다. 물론 박물관은 "정지적이고 선택적"이며, 그 발전의 역동성과 모순" 속에 놓여 있지만, 박물관은 이 역동성을 오로지 "등록, 기록, 분석을 통해서만 뒤따라갈 수 있다"(ebd., 141/142). 다른 말로 하자면 박물관은 전시와 수집을 한 지붕 아래 통합해야만 하며, 보존하고 등록하는 과제를 수행해야만 하는 것과 동일하게 현재적인 필요에 대응할 수 있어야 한다. 그래야만 역사와 현재는 의미 있게 조화로운 관계 속에 놓일 수 있다. 이를 위해 예스베르크는 새로운 전시 기계를 기획한다. 파테르노스테르(Paternoster, 순환 이동식 엘리베이터) 장치는 대상을 끊임없이 위아래로 나르며, 이동식 선반과 길이 기계로부터 방문객은 그림을 가저와 다시금 사라지게 할 수 있다. 이 기계는 이런 유토피아의 부분으로, 이는 당연히 켄 아담(Ken

Adam)이 기획한 제임스 본드 세트(James-Bond-Set)를 떠올리게 한다. "창문 뒤에는 위아래로 쌓아 놓은 회전무대로 이루어진 탑들이 서 있으며, 이들은 크기와 높이에서 전시 대상에 맞춰지게 된다. 원격 조정 장치는 전시 대상을 창 뒤로 가져오며, 이 대상은 최상의 방식으로 조명과 구성적 환경을 통해 전시된다"(Ebd., 144).

예스베르크가 보기에 박물관의 기초적인 활동에는 수집, 보존, 복구 외에 전시가 그 중심에 놓여 있다. 시대에 맞는 전시는 그가 보기에 오로지 끊임없는 특별전을 통해서만 가능하며, 그래서 그는 다음처럼 요약하면서 1920년대의 거대한 박람회와 그 건물들을 언급한다. "지금까지 오랜 기간 동안 설치되어 온 박물관의 전시들은 단기간으로 제한된 전시와 분리되고 있다"(ebd., 151). 이러한 단기 전시회를 위해서는 전시 기획자가 필요하며, 그는 감독과 마찬가지로 공간을 무대로 이해하게 된다. 기획 구성의 활동은 기호 구성의 활동으로서 "기호 이론"은 이 지점에서 그에게 특별한 중요성을 획득하게 된다. "기호 기능에 대한 연구는 전시 구성과 컴퓨터학 및 기호학과의 협업을 통해 새로운 가능성을 가진 넓은 영역을 개발하게 된다"(Ebd., 153). 마지막으로 예스베르크는 자신의 논의를 열 가지 측면에서 요약하는데, 이 요약은 미래의 박물관 연구를 위한 진단처럼 읽힌다. 즉, 박물관 건물은 보물 창고이자 잡지, 실험실, 정보의 보고, 무대이자 학교이다.

이러한 분석에서 지금 시대에 일치하는 다음과 같은 개념군들을 우리는 어렵지 않게 발견할 수 있다-대상과 정보의 흐름, 네트워크식 연결, 하나가 다른 것으로 이동하는 거대한 정보 체계, 중앙 집중화, 사물의 소환 가능성. 예스베르크의 제안은—그는 이를 슈투트가르트 박물관의 새로운 배치를 위해 구체적으로 제시했다—실현되지 않았다. 그럼에도 그의 텍스트에는 뒤따라올 세기의 박물관 발전 및 그에 관한 토론에서 사실상 중요했던 수많은 측면들이 존재한다. 그중 네 가지 측면을 마지막으로 다뤄 보자.

박물관화

박물관 개념의 지속적인 팽창을 설명하고 서술하는 주요 논증은 다음과 같다. 빠르게 변화하는 환경에서 보존해야 할 유산에 대한 의식은 커지게 된다. 왜 끝나 가는 현대, 후기 현대 또는 "두 번째 현대"가 박물관과 역사를 추구해야만 하는지에 대한 수많은 시도 가운데 한 시도가 두드러지는데, 이는 철학자 헤어만 뤼베(Hermann Lübbe)의 논의를 기초로 삼고 있으며 정확히 이 방향을 목표로 삼고 있다. 뤼베는 "우리의 공적 문화의 점진적인 박물관화"를 주장한다(Lübbe 1982, 1). 그는 박물관, 특히 민속 박물관의 증가를 특정 장소에서 전체 마을을 다시 세우는 진전된 역사 전달 방식으로 서술한다. 옛 도시와 기념물 보호를 정비하는 일이 "전체 풍경의 보존"(ebd., 5)과 함께 바로 이 현상에 속한다. 그리고 그의 서술에서 환경 박물관의 모델을 어렵지 않게 인식할 수 있다. 뤼베는 1982년 간행된 자신의 논문 「진보와 박물관(*Der Fortschritt und das Museum*)」에서 기술이 진보되고 경제화된 현재와 대립해 있는 것처럼 보이는 과거, 특히 농촌의 생활 세계에 대한 점증하는 미학화를 서술한다. 또한 기능을 상실한 산업 건물들은 보호 기념물이 되고, 박물관은 학습 장소로 변경되며, " '박물관학' 조차 재빨리 새로운 문화학 분과의 이름이 될 것이다"(ebd., 9). 즉 뤼베는 문화의 가속화된 역사화를 확증하고 있다. 박물관이 "원래의 비모방적 복제 단계"를 끝내고 "이런 근거로 대체 불가능하여 보존이 필요한" 것을 포함한다면, 이 지점에서 "보충적으로 필요한 박물관화 과정"(ebd., 13, 14)

이 들어서게 된다. 이 과정이 보충적인 이유는 보충이야 말로 "학문적, 기술적, 경제적, 사회적, 문화적인" 변화의 "속도"와 보조를 맞출 수 있는 우리의 유일한 가능성이기 때문이다. 왜냐하면 이러한 변화는 신뢰의 상실을 낳으며, 이 상실은 박물관을 통해서만 보충적으로 수용될 수 있기 때문이다. 박물관에서는 "재인식 가능성의 요소들, 정체성의 요소들"(ebd., 18)이 확보된다. "보이지 않는 한계 너머로 우리는 일시적인 정체성의 혼돈 위험을 안겨 주고 가속화하는 사회적 변화 조건에 처해 있다. […] 우리는 변화 속도에 의한 문화적 신뢰 상실이라는 압박의 경험을 점진적인 박물관화를 통해 보충하게 된다"(Ebd, 18).

뤼베만이 이 명제를 주장한 것은 아니다. 이제 1980년대 이후로 박물관 개념의 보충적 확장을 주장한 수많은 저자들을 살펴보면, 볼프강 짜하리아스(Wolfgang Zacharias) 등은 "박물관화"가 먼저 대상을 그 문맥에서 떼어 내어 새로운 연관에 가져가는 것, 즉 그것을 탈문맥화하는 것을 의미한다고 주장했다(Zacharias 1990). 이러한 탈문맥화와 이를 통해 발생하는 대상의 여러 의미 차원들은 이제 "박물관화"의 산물로 이해되었다. "박물관화"를 말하든, 여기서 장 보드리야르(Jean Baudrillard)를 언급하든, 또는 미하엘 페어(Michael Fehr)처럼 박물관을 "망각의 장소"로 서술하든, 이 모든 경우에 뤼베의 보충 명제가 박물관이라는 동전의 한쪽 면을 서술한다는 점은 분명하다. 하지만 다른 면은 박물관의 보관소 기능으로서, 이는 보존과 보존을 통한 망각의 가능성을 의미한다. 그래서 "박물관화"라는 개념은 단순히 시대 분석으로만 이해될 수 있는 것이 아니라 박물관에 대한 오래된 비판을 되살리는 것이기도 하다. 여기서 박물관 속의 죽음은 현재의 포기이자 역사로의 방향 전환만을 의미하는 것이 아니다. 저장, 보호, 보존되어 있다는 사실 자체가 박물관이 내포한 위험이다. 알렉산더 클루게(Alexander Kluge)

가 "매체화"(medialisieren)와 "박물관화"(musealisieren)를 서로 연결할 때, 그는 정확히 이 구별을 언급하고 있다. 산업화가 박물관에 사회 속에 고정적인 자리를 제공하고, 동시에 가속화하는 시간을 박물관의 지속적 주제로 정했다고 한다면, 이제 새로운 매체들—클루게에 따르면 영화, 텔레비전, 볼프강 에른스트(Wolfgang Ernst) 등에 따르면 컴퓨터—은 박물관의 형태와 기능을 새로운 시각으로 이끌고 있다. 산업 혁명기의 박물관에게 보존이 중요하다면, 매체 혁명기에 두드러진 특징은 저장과 이에 필요한 저장 능력이다. 두 가지 물음이 두 시기의 박물관 모두에게 제기된다. 역사는 오늘날 현대적인 인간에게 어떤 기능을 가지는가? 역사와 박물관은 어떤 관계 속에 있는가? 파울게어트 예스베르크는 이 물음의 전제를 묻기보다 대답을 전제했다. "박물관화"는 이 시기 이후에야 비로소 문제시되었고, 이와 함께 "상기"와 "역사 문화"란 개념도 그렇다.

어떻게 역사적인 박람회와 박물관이 그러한 관심의 초점이 될 수 있었는지에 대해 큐레이터이자 역사학자인 로스마리 바이어-드 한(Rosmarie Beier-de Haan)은 3중의 변화를 가져온 현대에서 소위 "두 번째 현대"로의 이행을 관찰하면서 다음처럼 답변한다. 먼저 지구화 발전을 통해 민족국가적 박물관과 그 관점의 의미가 퇴색하게 된다. 두 번째로 무엇보다 공동의 상기 문화에서 개인적 상기로 전환되고, 이를 통해 점차로 전통적 연관과 구속에서 벗어나게 된다. 세 번째로 개인의 경험적 지식과 색다른 지식 문화가 과학적 개념과 그것이 가지는 독점적인 정당화 권위, 그리고 독립적으로 중요성을 인정받게 되면서 지식의 서술과 연출은 정당화 문맥과는 다른 특수한 의미를 얻게 된다(Beier-de Haan 2005, 232ff.).

바이어-드 한은 무엇보다 박물관과 역사 서술 간의 관계 물음에 관심을 가지며 뤼베와 같이 역사 전시회, "역사적인 것" 일반에 대한 고조된 관심에 대해 질문한다. 그녀의 답변은 또한 일반적인 결론이다. 답변은 두 논증으로 구성되어 있다. 첫 번째로 박물관은 개인의 해석 장소가 되어 버렸다. 박물관에서는 더 이상 일반적인 규준이나 학문의 관점이 표현되는 것이 아니라 역사와 상기에 대한 개인적 통로의 요구가 배양된다. 이는 한편으로는 박람회에서 일어난다. 박람회는 해석을 제안하지만 진리를 제시한다고 요구하지 않는다. 다른 한편으로 무엇보다 1980년대 이후 박물관이 지역적 차원에서 생겨났고, 이는 한 지역이나 도시, 지역 운동이나 구역을 소개하며, 그래서 국가적 개념이 아니라 지역적 상기 활동을 따른다. 이것과 긴밀히 연관된 두 번째 측면은 지식의 장소로서 박물관에 대한 이해이다. 다시 여기서는 확립된 규준이나 학문이 아니라 진기명품 보관소 모델에서 이미 서술된 바와 같이 비합리적이고 비학문적인 방식으로 획득된 인식이 높이 평가된다. 박물관은 그 다양성과 그에 상응하는 표현 선택지에서 한 대상에 대한 복수적인 접근 통로와 다양한 관점을 눈앞에 보여 줄 가능성을 제공한다. 박물관은 지식을 전달하는 일반적인 형식인 설명하는 텍스트의 도움이 아니라 직관적인 수단인 "대상"과 그 연출을 통해 지식을 제공하기 때문에, 공간 자체에 지식의 장소라는 특수한 의미가 부여된다. 이는 해석과 경험의 종합이며, 이 종합이 박물관과 박람회를 최근 사회의 가장 매력적인 제도로 만들었다.

물론 발전이 그렇게 자명하게 이루어지고 있지는 않다. 많은 박물관들이 폐쇄되었고, 작은 전시 장소들은 오래전부터 많은 방문객을 끌어 왔던 주제 전시 또는 지금까지 숨겨진 보물 전시를 시도했지만 방문객의 증가를 보여 주지 못하고 있다. 현재의 박물관 상황은 모순을 포함하고 있다. 그래서 연관된 요소들을 서로 떼어 내어 개별적으로 검증해야 한다는 요구가 제기될 수 있다. 전후 사회에서 특별한 역할을 담당했던 박물관 개념에서 "박물관화" 이외에도 두 번째로 중심적 측면이 바로 사물과 대상의 가치 향상이다.

사물들

박물관에 있는 사물과 대상의 지위에 대해 우리는 이미 이 책의 여러 지점에서 설명했다. 포미안은 "기호 담지자"를 이야기했고, 짜하리아스 등은 사물의 탈문맥화의 기초 과정과 박물관 대상으로의 변화를 서술했다. 보편타당한 학문에서 제한된 개별 경험적 지식으로의 변경은 박물관의 사물들을 단순히 의미 담지자가 아니라 경험 담지자로 변화시킨다. 먼저 박물관과 수집소 전시물에서 무엇보다 고착된 의미를 담은 그릇만을 보는 이들도 있다. 원천적 문맥 속에 있던 의미 다발이 수집소 또는 박물관 속에서 새로운 기호 체계로 뒤바뀌어 여기서 고착된다. 박물관 바깥과 안에 있는 사물의 근본적인 차이는 박물관화된 사물이 박물관 개념 속에 포섭되어 자신의 원래 기능을 상실하게 되었다는 점이다. 사물은 자신의 원천적인, 원래의 기능을 상실하고 새로운 지위를 획득한다. 이것은 더 이상 이용 또는 사용되지 않으며 관람된다. 이러한 변화를 장 보드리야르는 수집소와 관련해 기술했다. 수집소에서 대상들은 무엇보다 "소유되고 있다는" 기능을 가진다(Baudrillard 1991, 111). 사용에서 벗어난 대상은 주관적인 지위를 획득한다. "그것은 수집 대상이 된다"(Ebd.). 보드리야르는 수집의 의미, 수집가 개인의 특성을 설명하면서 사물 수집이 일상적 생활에서 얼마나 떨어져 있는지를 보여 준다. "수집의 근본적 기능은 의심의 여지 없이 실재적인 시간을 체계적 차원에서 없애는 것이다"(Ebd., 122). 우리가 바라보는 사물들처럼, 우리가 사용하는 모든 사물들에 공통적인 것은 이들이 우리에 대해, 우리의 합리성과 감정에 대해, 우리의 표상과 공포에 대해 무언가를 이야기한다는 점이다. 사물들은 상징이며, 이는 우리의 기능적 일상보다 우리 자신에 대해 더 많은 것을 드러낸다. 모리스 렝(Maurice Rheims)을 인용하면서 보드리야르는 다음과 같이 쓰고 있다. 박물관에 전시된 대상은 "쓰다듬어지고 있으면서 자신의 애정을 인간 맞춤형으로 보여 주고 있는 무관심한 개처럼 인간에 마주 서 있다. 또는 실제 영상이 아니라 기대하고 있는 영상을 보여 주는 충실한 거울과 같다"(ebd., 114). 박물관은 대상을 물신화하는 장소인가? 물론 박물관은 사물의 구조를 드러내면서 사물에 대한 일정한 관점을 제시하고 있고, 이 관점은 그 원천에 대해서는 아무 것도 알려 하지 않은 채, 박물관 사물을 공포와 소원에 이끌린 우리의 세계 이해와 가치 이해 체계로 해석하려고 시도한다.

수집은 수집한 개인, 그의 수집물, 그의 사회적 위치를 탐구하는 관점에서가 아니라 다양한 사회와 민족을 묻는 관점에서 고찰된다. 한편으로 서구의 산업화는 자신의 몰락한, 그래서 이제는 낯설게 된 문화의 넓은 부문을 박물관화하는 동시에, 다른 한편으로 식민주의적 팽창과 서구 지배를 통해 대상들을 박물관으로 가져왔다. 두 경우에 (몰락한) 문화의 유물과 증거들이 수집, 보존, 전시되었다. 하지만 예술적인 작품과 유물 사이의 경계는 어디에 있는가? 어떤 것이 언제는 예술이라 지칭되다가 언제부터 이제 그 기능을 상실하여 낯선 문화로부터 온 일상 대상이 되는가? 이러한 범주들 간의 긴장을 역사가인 제임스 클리포드(James Clifford)는 "예술-문화-체계"라 칭했다. 그는 이를 무엇보다 비서구 문화에서 온 대상들과 관련해 분석했다. 이 체계 속에서 두 가지 범주가 서로 분리될 수 없고 긴밀히 연관되어 있는 것이라고 서술했다(Clifford 1988, 215 ff.). 명작의 담론 대 민속학적 또는 일상적 사물이란 대결 구도는 박물관 속 사물의 근본적인 대립을 규정한다. 하지만 이러한 대립은 더 이상 박물관의 예술과 민속학의 전시를 지배하는 것이 아니다. 이 경계는—적어도 부분적으로—허물어졌다. 전에 의식(儀式)에서 사용되던 마스크는 예술 작품이 되었고, 반대로 자신의 문화에 대한 민속학적 시선은 일상과 도구를 예술로 돋보이게 했다.[4] 클리포드는 "문화들이 민속학적 수집물들을 표현한다"는 점, 달리 말하자면 하나의 문화를 재현하는 각 수집에는 민속학적 시선이 드러나는데, 이는 배제하고 포함하며, 일정한 선택을 하고, 보존할 가치가 있는 것과 없는 것을 규정한다는 점이 중요하다고 본다(ebd., 230ff.).

보드리야르가 개별자의 수집을 통해 새롭게 창조된 기호와 가치 체계를 자본주의 세계와의 관계에서 보는 반면, 클리포드는 이것이 일어나는 선택 과정과 분류 체계를 강조한다. 그는 공적인 박물관 탄생 이후 우리가 알고 있는 분류 체계를 보여 주면서 우리가 이를 언젠가는 극복하거나 이에 반기를 들 수 있을 거라 생각한다. 오늘날 이 논의는 "문화적 유산"(cultural heritage)과 "유형-무형 유산"(tangible/intabgible heritage)이라는 제목으로 이루어진다. 이제부터는 예술이냐 비예술이냐가 아니라 물질이든 비물질이든 상관없이 대상 배치, 지역 또는 의식(儀式)적 연관 전체가 중요하다.

수잔 스튜어트(Susan Stewart)처럼 정신분석학적 동기를 가지든, 또는 만프레드 좀머(Manfred Sommer)처럼 철학적인 동기를 가지든 다양한 수집 이론은 박물관의 수집의 우연성과 편협성을 보여 준다. 한편

---

4 이에 대한 좋은 예가 2006년 개관한 케 브랑리 박물관(Musée du quai Branly)으로, 여기엔 연구 탐험과 식민지 확장으로 연구되고 파괴된 문화의 유물을 정치적으로 올바르게 전시하고 예술적 대작이라 명명하면서 서구적 틀 속에 끼워 넣는다.

으로 이 이론들은 수집이 얼마나 우연히 이루어지고, 수집과 그 대상이 얼마나 우연히 사라질 수 있는지를 보여 주며, 다른 한편으로 수집이란 것이 얼마나 개인에 따라 다르게 이루어지는지를 명확히 알게 한다. 수집 이론은 박물관의 기초를 보여 주면서 그것이 규범적인 성전이 아니고, 그의 기초가 선택적인 결정에 불과하며 이 결정은 사물 자체 또는 인간에 의해 이루어졌음을 보여 줌으로써 본질적으로 메타 박물관에 기여했다고 요약할 수 있다.

지금까지 보존된 것과 그의 분류가 다뤄졌다면, 박물관의 사물에 대해 논의할 두 번째 차원이 언급될 수 있다. 이 차원은 사물의 전시와 이와 연계되어 있는 인식 활동이다. 이미 진기명품 보관소 논의를 통해 전시 형식이—3차원 대상의 감각적 경험과 서로 다른 대상의 대립적인 배치 등—어떤 특정한 인식을 제공한다는 점이 드러났다. 문화학자이자 박물관학자인 고트프리트 코어프(Gottfried Korff)가 반복적으로 강조하기를, "박물관 사물의 고유성"은 그것의 아우라 및 진품성이다. 그에 따르면 박물관 속 개체들은 "사물적인 시간 증거들"이며(Korff 2002, 141), 그의 "매력은 진품성이라는 기초에서 온다." 즉 믿을 만하게 전해진 현존이다. "인류학자인 클로드 레비스트로스(Claude LéviStrauss)가 현대사회를 비-진품의 세계라 지칭했는데, 이러한 세계에서 박물관은 진품이 주는 반대 매력을 제공한다. 이 매력은 우리에게 역사적으로 멀리 있고 낯선, 하지만 공간적으로는 가까이 있는 사물에서 나온다"(Ebd., 141/142). 박물관의 사물이 그러하다는 것은 이중적 의미를 지닌다. 먼저 사물은 지속적이고 직관적이며, "그 구체성" 때문에 상기를 가능케 한다. 그래서 사물은 "상기 촉발 기능"을 소유한다. 두 번째로 사물은 "과거에 대한 정보를 제공할 수 있는" 증거로 파악될 수 있다(ebd., 143). 포미안에 의지하여 코어프는 사물을 과거와 현재를 이어

주는 매체라고 규정한다. 이러한 대상들을 보관할 뿐 아니라 전시한다
는 것은 이들을 배치와 전시를 통해 항상 다시금 새로운 방식으로 설명
하게 하며, 이들을 새로운 연관에 세운다는 것을 의미한다. 왜냐하면
개별 대상은 잔여, 파편에 불과하며, 이는 오직 다른 대상과의 연관 속
에서만 설명되거나 "전시를 통한 표현"에 도달할 수 있기 때문이다(Ko-
rff 2002b, 171). 코어프 등의 저자들은 자기반성의 출발점을 이전 일상
적 대상으로 삼지만, 이들의 설명은 예술과 일상, "고급"과 "저급"을 동
등하게 포함하는 넓은 대상 개념을 대상으로 하고 있다. 여기서 사물,
한 걸음 더 나아가 그의 생명력에 대한 더 높은 평가가 중심을 차지한
다. 이는 대상에 대한 수많은 의미 층위를 포함하며, 아르준 아파두라
이(Arjun Appadurai)가 가장 먼저 표현한 바 있는 "사물의 사회적 생
명"까지도 포함하며, 그래서 "물질문화"에 대한 더 나은 평가로 가는
길을 열었다. 체계 속 기호로서의 사물, 그리고 물질성의 사물 및 그것
의 전(前) 개념적인 작용 방식은 박물관의 사물 논의에서 두 가지 결정
적인 측면이라 할 수 있다.

공간

대상은 그 3차원성이 가시화되는 공간 속에서만 일정한 연관 속에 들어
설 수 있다. 공간과 박물관이라는 주제가 무엇보다 전시 구성과 관련해
최근에 논의되었다. "연출"(Inszenierung, Szenografie)은 그사이에 박
물관과 박람회의 기본 용어에 속하게 된다. 근본적으로 두 가지 이론적
기획이 등장하는데, 이 둘은 1960년대와 1970년대에 나왔고, 다양한 방
식으로 박물관과 박람회 공간의 특징을 규정한다.
  미셸 푸코는 공간의 역사를 사유하는 시도에서 1960년대에 "헤테로

토피아"(Heterotopie)라는 개념을 고안했다. 그는 우리가 공허 속에 살아가는 것이 아니라는 점을 분명히 했다. 공허는 사물과 인간이 이 공허 속에 단순히 놓임으로써 가시화되는 곳일 것이다. 오히려 우리는 먼저 밝혀야 할 "수많은 관계들의 혼합 장소" 속에서 산다. 수많은 위치들이 존재하지만, 다른 여타의 위치와는 다른 지위를 가지는 위치가 관심을 끈다. 왜냐하면 그러한 위치는 "다른 모든 위치와" 관계하면서도 "이들이 가리키거나 이들을 반영하는 관계를 중지시키고, 중립화하거나 뒤집기" 때문이다(Foucault 1991, 38). 푸코가 보기에 이러한 위치는 한편으로는 유토피아, 즉 현실적인 장소를 가지지 않는 표상이다. 푸코는 일종의 반-위치 또는 반-장소를 자체 내 가지는 그러한 실제로 실현된 유토피아를 헤테로토피아라 부른다. 푸코가 보기에 정원과 함께 공동묘지가 이에 속한다. 공동묘지에서는 생명과 영원의 상실을 의미하는 수많은 시간 층위가 존재하고, 정원은 고유한 소우주를 표현하며, 총체적인 세계를 가진 한 필지이다. 다른 부분에서 푸코는 박물관을 도서관과 함께 "자신을 끝없이 축적하는 목표를 지닌" 헤테로토피아라고 부른다. 두 곳에서 시간은 "절정에 쌓이고 도달하기를" 멈추지 않는다. 여기서 모든 것이 모인다. 모든 시대, 모든 생각이 "흔들리지 않는 장소"에 "무제한적으로 쌓아 올려진다". 푸코에게 이 장소는 전형적으로 현대적인, 즉 19세기의 장소다. "우리는 공간이 저장이라는 형식 속에 자신을 드러내는 시대에 살고 있다." 무엇이 어떻게 저장되고, 어떠한 "이웃 관계"가 저장소를 통해 생겨나는가? 예스베르크가 박물관이 도시적 세계에서 남겨진 빈 공간으로, 항상 새롭게 새로운 생각과 체험 내용으로 채워진다"고 적을 때(Jesberg 1970, 149), 그는 이를 통해 헤테로토피아의 유토피아를 이야기하는 것이다. 즉 저장 장소는 자신에게 있는 자료와 지점들(대상들)을 항상 새로운 배치 속에 놓을 수 있으며, 단순히 쌓아 올리지 않는다. 저장 지점의 일회적인 지정이 그에게 중요한 것이 아니라 항상 새롭게 수용되어야 할 배치 활동이 중요한 것이다. 예술사학자인 한스 벨팅(Hans Belting)은 1994년에 박물관을 섬이라고 표현한다. "전시는 가까이에 놓여 있음에도 불구하고 거기서 드러나는 거리가 박물관의 본질에 속한다. 박물관은 시간의 섬이자 장소 없는 사물들을 위한 장소이며, 결코 분리될 수 없는 현재 속에 있는 자국 내 타국 영토(Enklave)이다"(Belting 2005, 237). 물론 벨팅과 푸코의 서술은 서로 다르고 서로 강조하는 부분은 다소간 차이가 있다. 하지만 정방형의 박물관에 존재하는 유토피아적 잠재성은 바깥을 안과 분명히 분리하고, 그 내부는 바깥에서는 도달할 수 없는 무언가를 가능케 하는 공간이다. 박물관에 들어서면 방문객은 시간 바깥에 놓이게 된다는 식의 서술은 굉장히 많다.

박물관 공간에 대한 두 번째 이론적 기획은 푸코의 헤테로토피아에 대한 부정적 해석으로 이해될 수 있다. 후속 논문을 통해 예술비평가 브라이언 오도허티(Brian O'Doherty)는 항상 전체를 동일하게 보이게 하고, 그래서 예술을 전시하는 항상 동일한 배경인 하얀색의 갤러리 공간을 분석했다. "하얀색 상자"는 그 속에 있는 것을 변화시킨다. 왜냐하면 하얀색 상자는—의자와 천이 펼쳐진 벽이 있는 박물관 공간도 있긴 하지만—우리가 오늘날 구현한 전후 시대의 시각적 전통이기 때문이다. "하얀색 벽에서 가시화되는 중립성이라는 겉보기는 환상에 불과하다. 하얀색 벽은 견고한 이념들과 가치를 지닌 사회를 대변한다. 자유롭게 부유하는 하얀색 전시 공간의 발전은 현대의 승리에 속한다. 이 승리는 자신의 미학적, 경제학적, 기술적 측면을 지닌다"(O'Doherty 1996, 88/89).

책의 명제는 현대의 갤러리 공간이 관람자를 공간 체험을 통해 예술 작품의 한 부분으로 만든다는 것이다. "우리가 공간 속에서 움직이면서 벽을 고찰하며, 바닥에 서 있는 대상을 만나게 되면 갤러리가 또 다른, 움직이는 현상, 즉 관람자를 포함한다는 것을 의식하게 된다"(Ebd., 39). 수용자는 이제부터 눈과 관찰로부터 분리된다. 여기서 눈은 예술 작품과 그 내용을 지각하며, 관찰자는 작품의 틀, 문맥, 주변, 그리고 자신이 주변과 맺는 관계를 의식하게 된다. 이 책의 두 번째 명제는 19세기 말에 그림이 자신의 경계, 틀을 벗어나게 되어 새로운 "평면의 미학"(ebd., 23)을 요구했기 때문에 이러한 현대적인 갤러리 공간이 생겨날 수 있었다는 것이다. 벽 자체는 미적인 힘이 되었고, 이 힘은 모든 것을 "벽 위에 현상하는 것"으로 변화시켰다(ebd, 27). 빈 갤러리는 따라서 결코 빈 것이 아니다. 왜냐하면 "그 벽은 그림 평면을 통해 감각화되고, 그 공간은 콜라주로 채워지기 때문이다"(Ebd., 62). 벽은 그림들의 탈경계화(즉 계속적으로 커지고, 그래서 판화의 고전적 틀을 벗어난다)를 통해 감각화되고, (콜라주의 경우처럼) 현실적 요소들이 그림 속에 들어오게 됨으로써 채워지며, 이 요소들은 관람자와 지각된 그림을 낯설게 만들었다. 전시 평면은 더 이상 의도가 없는 전시 평면이 아니라 예술 작품과 그것의 지각을 규정한다. 이 평면은 단순히 수직의 벽에만 한정되는 것이 아니라 바닥에까지 확장한다. 벽 자체는 겉면의 긴장(ebd., 34)을 키우고, 이는 공간을 다발의 장방형으로 만든다. 오도허티에게 이 하얀 전시 상자는 장소 없는 공간(ebd., 27)이며, 이는 그 안에 배치한 것을 변형한다. 갤러리의 하얀색 벽은 건물의 부분이 아니라 현대의 이데올로기가 부여된 평평한 배경이다. "교회의 신성한 무엇, 법원 재판정의 신중한 무엇, 연구 실험들의 비밀스러운 무엇이 멋진 디자인과 결합하여 미학의 유일한 종류의 숭배 공간이 된다"(Ebd., 9).

"하얀색 상자"(*White Cube*) 속에 서 있는 우리가 이 건물을 반드시 인식할 수 있는 것은 아니다. 여기서는 박물관, 복합 사무실, 상점, 공항에 존재할 수 있는 작은 공간이 문제다. 오도허티의 비판은 무엇보다 "하얀색 상자" 속 관람자가 자신의 사회적 세계로부터 분리되어 있고, 이 세계가 배제된 채, 초시간적인 공허 속에 갇힌다는 점이다. 오도허티는 이를 통해 갤러리와 박물관이 특정한 구성 전통의 도움으로 초시간적인 것을 보여 주는 장소라고 규정한다. 예술사가인 샤를로테 클롱크(Charlotte Klonk)는 1930년대 이후 "하얀색 상자"가 관철되면서 폐쇄된 공간을 채우기보다는 자유롭게 작업이 가능한 유동하는 열린 공간이 중요하게 되었다고 최근에 지적했다(Klonk 2009, 218). 오도허티의 하얀색 상자는 항상 새롭게 연출 가능한 공간에 대한 소망에 따라 예스베르크에 의해 실현된다. 이제 하얀색 전시 공간이 현대적 이데올로기에 의해 점철되어 있는지 아닌지와 상관없이 이 전시 공간이 박물관에 운동성을 가져왔다는 것은 분명하다. 평범한 흰색은 전시의 요소이며, 이는 현재를, 동시대를, 박물관 바깥의 세계를 박물관 내면 속으로 가져왔다. 여기에 (공예적) 박람회가 결국 박물관과 혼합되는 교집합이 존재한다.

방문객과 큐레이터

오도허티는 방문객이 전시 배치의 일부분이 되었다는 점을 지적했다(바타유가 이 점을 이미 언급한 바 있다, vgl. Bataille 2005). 다르게 표현한다면 방문객은 박물관에서 관찰하면서도 또한 관찰되고 싶어 한다고 할 수 있다. 박물관과 박람회는 특정한 보는 습관이 실행되는 장소이며, 이 습관이 방문객을 지배하고 있다. 이는 "하얀색 상자"에서 처음 시작되는 것이 아니다. 박물관은 처음부터 교양 시민계급의 부모들에게 만남의 장소, 대화의 장소, 교육 도구였고, 새로운 관계를 맺을 수 있는 장소였다. 박물관은—클롱크에 따르면—"경험의 장소"로서, 단순히 보기뿐만 아니라 걷기와 말하기를 포함한다.

독일어권에서 슬로건으로까지 발전한 표현으로 방문객과 전시 기획자를 두루 포함하는 것이 바로 '교육 장소인가? 뮤즈 여신의 성전인가?'(Lernort contra Musentempel)이다. 이는 1976년 간행되어 박물관에 대한 다양하고 현실적이며 비판적인 입장들을 모두 다루고 있는 논문 모음집에서 유래한다. 이 모음집에서는 박물관의 계몽적인 요소가 두드러지게 강조되며, 박람회 비판을 통해 박람회에 숨겨져 있는 설득 메커니즘이 강조된다. 또한 아이들을 위한 박물관이 특수한 교육법을 갖춘 새로운 박물관 형식으로 제시되며 박물관을 공동으로 규정하는 모델들이 논의된다. 중심 물음은 어떻게 박물관이 "신성한 아우라"를 없애고 현재적인 삶의 조건들을 자기 속에 끌어들일 수 있었는지이다. 결정적인 질문은—박물관 학자인 던컨 카메론(Duncan Cameron)에 따르면— '박물관이 성전인가 아니면 모임 장소(Forum)인가' 이다 (Cameron 1971). "예를 들어 예술사적 증거들이 미적인 것의 상업화, 우리 환경의 무역사성 또는 역사 적대성을 반영한다 해도, 유럽 이외의 나라로부터 온 수집물들이 그 식민지적 원천에도 불구하고 그 나라들의 현재적 정치적 문제와 혼돈을 반영한다면, 박물관은 배움의 장소가 될 것이다. 과학적이고 기술적인 대상들은 생산력의 미래 가능성과 위험을, 자연사적 대상들은 자연 파괴를 보여 줄 것이다"(Spickernagel/ Walbe 1976, 5). 이제부터 박물관과 박람회에게 주어지는 중심 물음은 다음과 같다. 방문객은 박물관에 어떻게 참여할 수 있는가? 그리고 방문객은 누구이며, "대중"은 무엇인가? 신성한 공간을 여는 길 중 하나가 바로 방문객 연구이다. 이는 박물관 방문객의 관심, 반응, 소망을 수용, 분석하는 연구이자 그 촉진이라 이해할 수 있다. 아울러 개별 실험 대상자를 대상으로 한 연구 세팅의 매체 의존적 연구와 똑같이 여론조사를 통해 이루어질 수 있다 (이는 스베틀라나 알퍼스(Svetlana Alpers)가 서술한 바와 같다. Alpers 1991). 박물관이 특정한 방식의 시각적 관람만을 의미한다는 고전적 논증이 존재한다. 하지만 이는 이미 오래 전에 복수 감관 반응 방식으로 분화되었다. 시각적 관람 외에도 후각과 촉각을 포함하는 관객 참여 양식(Mitmachstation)과 다른 참여 가능성이 이 연구의 결과였고, 현재도 그렇다. 중요한 사례가 바로 1960년대 이후 생겨난 "과학 센터"와 그 발전이다. "만지지 마세요"라는 박물관 규칙이 "손으로 하는 실험"과 "관객 참여 모델"로 바뀌고, 조작이 전면에 놓이게 되었다. 다양한 이해의 차원이 함께 작동하게 되면서 무엇보다 과정이 중요시되고, 시간적인 흐름 속에서 배움과 인식의 획득이 가능해진다. 샌프란시스코 과학관(The Exploratorium)이라는 첫 번째 과학 센터가 대규모로 개관할 때 원래 명칭이 "실험실로서의 박물관"이었다(Hein 1993). 다른 예는 박물관 기념품 가게와 박물관 카페에서 찾아볼 수 있다. 이는 박물관을 더 매력적이고 다양한 세대에게 적합한 장소로 만든다. 이러한 박물관의 부대시설은 다음을 의미한다. "박물관은 긴장 해소"의 장소이며 "박물관은 주위 세계에 자신을 개방한다." 여러 차례 이러한 부대시설의 존재는 상업화라고 비판을 받았지만 이를 통해 박물관의 사회적 공간이 확장된 것은 분명하다. 전시 공간이건 판매 장소이건, 무엇보다 전시된 대상들이 관람객과 방문객에게 얼마나 매력적인지가 중요하다. 어느 장소로서든 대상이 연구 대상이나 전시 대상으로가 아니라, 자신의 속성을 통해 관람객에게 경험과 감정을 일으키는 것이 중요하다. 철학자 힐데 하인(Hilde Hein)이 볼 때, 이 점은 "변화하는 박물관"의 중요한 측면으로서, 그것은 성전으로부터 멀리 떨어져 나와 오늘날 경험의 장소가 되었다(Hein 2000). 그녀는 여기서 박물관의 미래를 보고 있다. 이 동전의 다른 면, 즉 박물관이 방문객에 무조건적으로 의존적이라는 점은 박물관이 쉽게 다가갈 수 있고 아이들에게 알맞은 전시 방식을 보여 준다는 특징 외에도 방문객 수의 강조, 수의 지속적인 증가, 강렬한 유행이 오늘날 박물관을 규정하고 있다는 것을 보여 준다.

　방문객은—적어도 슬로건이 그렇다—행위자가 되었고, 그는 박물관 또는 박람회가 보여 줄 이야기를 규정한다. 마찬가지로 큐레이터는 더 이상 무조건적으로 박물관의 수집에 매여 있는 것이 아니며, 더 이상 고정적으로 고용되어 있는 것이 아니라 프리랜서로서 전시를 기획한다. 전시 기획자, 전시 큐레이터는 1960년대 이후부터 한 박물관의 수집물만을 무조건적으로 전시하는 것이 아니라 주제 전시를 주도한다. 하랄트 스쩨만과 그의 〈정신적 객원 노동의 에이전트〉(*Agentur geistiger Gastarbeit*)는 이런 종류의 전시회, 특히 주제 중심 전시회의 선구자였다. 오늘날은 어떤 책의 저자처럼 '전시회의 큐레이터가 누구냐'가 점점 더 기준이 되고 있다. 전시는 특정한 활동, 주관적인 방식, 공간적 논증을 의미하며, 이는 그 관점에 따라 자신만의 특성을 보여 준다. "큐레이터는 유연해야만 한다. 때때로 그는 하인이자 조력자, 때로 그는 예술가에게 자신의 작품을 어떻게 전시할 것인지에 대한 아이디어를 제공한다. 집단 전시회에서 그는 조정자이며, 주제 전시회에서는 창안자이다. 하지만 큐레이팅에서 가장 중요한 것은 열광과 사랑, 조금의 강박이다"(Obrist 2008, 100). 이 표현 속에 얼마만큼의 진실이 숨겨져 있는지와 상관없이 이는 기획하고 있는 한 개인을 묘사하고 있지 규범을 제시하는 제도를 묘사하고 있는 것은 아니다. 극단적으로 표현하자면 오늘날의 전시에서 개별 방문객은 개별 큐레이터를 만난다고 말할 수도 있다. 지금까지의 박물관 과학과 박물관학은 이 차원까지 확장되었다. 최근 수많은 연구 과정과 교육 과정은 『큐레이터 연구(Curatorial Studies)』 문맥 속에서 확립되었다. 박물관의 교육 담당자는 제도의 직무상 박람회와 박물관 내용의 전달에 힘써야 하는 반면, 큐레이터는 전달, 제도가 아니라 특정 시각과 학제적인 관점에서 출발한다.

결론

마지막으로 한 번 더 국제 박물관 협회(ICOM)의 박물관 정의를 보자.
박물관은 "연구, 교육, 오락 목적으로 인간과 그 환경의 물질적 증거물
을 창조, 보존, 연구, 정보 제공, 전시 등의 활동을 함으로써 사회와 그
발전을 지향하는 공익적, 지속적, 공공에 개방된 시설"이라 정의된다.[1]
이는 우리에게 있는 세계의 수많은 다양한 종류의 박물관에 대한 가장
포괄적인 정의이다. 이는 박물관의 중심적인 특징과 과제를 보여 준다.
르네상스, 특히 18세기 말 이후 박물관의 역사와 개념적 기획을 보게
된다면, 박람회에 대한 특수한 관찰은 지금까지는 등한시되어 온 부분
에 주목하게 한다. 왜냐하면 박람회와 박물관이라는 두 개념이 100년
뒤, 즉 19세기 말경에 혼합되기 이전에 박람회는 우선 경쟁 부문에서
생겨났기 때문이다. 따라서 오늘날 박람회를 자신 속에 끌어들인 박물
관은 다음처럼 표현할 수 있다. 박물관은 현대의 산물이며, 한편으로는

---

1 독일 박물관 협회 웹사이트에서 2011년 3월 28일 자로 인용되었다. http://www.
museumsbund.de/das_museum/geschichte_definition/definition_museum/.

프랑스 혁명의 정치적 사건에, 다른 한편으로는 경쟁이라는 사고와 실천에 자신의 기초를 두고 있다. 특별 전시가 박물관 속에 비로소 현재를 들여올 수 있었고, 그래서 "생의 박동과 죽음의 숨결"(Glasmeier 1992, 7) 사이를 이을 수 있었다. 이러한 이분법은 오늘날까지 남아 있다. 박물관은 역사와 미래 사이를 오가며, 하나를 표현함으로써 다른 하나를 전달할 수 있어야 한다. 이러한 기본적인 이분법으로부터 박물관이 빠져나올 수 없는 또 다른 대립들이 생겨나게 된다. 명작과 일상적 대상, 상설 전시와 단기 전시, 규범적인 표현과 현실적인 표현, 개별 대상과 그의 텍스트 문맥, 일회성의 장소와 정보 매체, 연구와 전시, 광고와 교육, 원본과 복제—이 목록들은 더 연장될 수 있다.

　모든 역사적인 다양화와 개념적 역설에도 불구하고 박물관만이 해낼 수 있는 기초적인 기능이 확실히 존재한다. 박물관과 전시 활동만이 공간 속에 어떠한 논증을 제시할 수 있고, 이를 비교함을 통해 시각화할 수 있다. 역사와 현재 사이의 연관을 가시화할 가능성은 수집에 기초를 두며, 이 수집물의 3차원적 논리로부터 우리는 전시를 위해 대상을 선택하고 배치한다. 중세의 조각, 박제된 원숭이, 비더마이어식 의자, 의학 도구, 동시대의 스케치 등 대상의 다양이 존재할 때에만 한 문화의 발전과 조건이 개념적으로 제시될 수 있다. 계몽의 세기 동안 "비교하는 시선"이 특별히 중요시되고, 그것이 아이들에게 교육된 것은 의미가 있다. 비교하는 시선은 오늘날에도 다양한 수의 대상을 통해서만 배울 수 있다. 큐레이터와 전시 기획자의 활동은 이를 위한 실마리를 제공하는데, 왜냐하면 이러한 시선은 아무나 할 수 있는 것이 아니라 일정한 교육을 필요로 하기 때문이다. 전시회를 기획한다는 것은 풍부한 시각적 경험을 했고, 숙달된 눈과 수집물에 대한 지식을 가지고 있으며, 연구를 하며, 전문가와 예술 애호가 사이에서 항상 새롭게 하나의 주제를 제시할 준비를 갖췄다는 것을 의미한다. 박물관과 박람회를 간단히 표현한다면 다음과 같다. 박물관은 탈문맥화된 대상을 새로운 질서 속에 배치, 보존, 전시하는 장소다. 박람회는 대상과 그 수많은 의미를 공간 속에 배치하여 보여 주는 기능을 담당하고, 비교하는 관람을 가능케 한다. 박물관의 이념이 보존과 규범적인 수집에 있다면, 이와 반대로 박람회의 이념은 단기적인 경쟁에 있다. 마지막으로 메타 박물관은 박물관과 박람회의 기초에 놓인 현대의 대상에 대한 이해를 반영한다.

이 장에서는 심층적인 개관과 다양한 박물관 형식의 이해에 기여한 책
과 논문을 선별해서 소개한다. 먼저 르네상스 이후에 나온 기초적인 텍
스트의 강독을 가능하게 하고, 각 시대에 맞는 박물관 개념에 접근할
수 있도록 한 문헌을 먼저 소개하고자 한다. 최근 『리더(*Reader*)』와 인
류학 텍스트들이 간행되었는데, 이들을 읽는 건 유익하지만, 때로는 그
분량과 가로지르는 글자들 배치로 인해 지속적인 독서를 위한 것이 아
니라 선별적이고 집중적인 독서에 알맞다. 여기에 수잔 퍼스(Susan M.
Pearcel, 1999)가 편집한 『박물관과 그 발전. 유럽전통 1700-1900(*Mu-
seums and their Development. The European Tradition 1700-1900*)』
또는 크리스티나 크라츠-케세마이어(Kristina Kratz-Kessemeier), 안
드레아 마이어(Andrea Meyer), 베네딕트 사보아가 2010년에 편집한
『박물관 역사. 주석이 달린 기초 텍스트 1750-1950(*Museumsgeschich-
te. Kommentierte Quellentexte 1750-1950*)』이 있다. 마지막 책은 무엇
보다 그 선정과 주석에서 모범적이다. 물론 책이 오로지 예술 박물관과

관련된 기초 텍스트만을 담고 있기 때문에 그 제목이 약간 오해를 불러 일으킨다. 또한 도날드 프레치오지(Donald Preziosi)와 클레어 파라고 (Claire Farago)의 『세계를 파악하기(*Grasping the World. The Idea of the Museum*, 2004)』도 언급될 만한데, 이 책은 1960년대에서 2003년 까지 다양한 해석 및 방법론적인 반성을 담은 텍스트를 모은 매력적인 책이다.

한눈에 볼 수 있고, 쉽게 읽을 수 있고, 분량도 적당한 종합적 서술로 는 먼저 올라프 하르퉁(Olaf Hartung)의 역사적 서술인 『작은 독일 박 물관 역사. 계몽부터 20세기 초까지(*Kleine Deutsche Museumsgeschichte. Von der Aufklärung bis zum frühen 20. Jahrhundert*, 2010)』가 있 다. 이는 다양한 박물관 유형을 분류하고, 각각의 역사적 발전을 서술 하고 있다. 그다음으로는 당연히 크르쥐스토프 포미안이 1986년 프랑 스어로, 1988년 독일어로 출간한 『박물관의 원천』이 언급되어야 한다. 이 책에서 제시된 박물관에 대한 다양한 관점들에 대해서는 그사이에 상세한 연구들이 나왔지만, 이 책은 수집 및 박물관 역사 연구의 출발 점, 보존된 사물과 인간의 관계에 대한 연구의 출발점이다. 비슷한 시 점에 출간되어 매우 읽을 만하면서 본격적으로 박람회를 다루고 있는 소수의 책 중 하나가 1986년에 나온 에케하르트 마이스(Ekkehard Mais)의 『전시. 박람회의 역사와 비판(*Expositionen. Geschichte und Kritik des Ausstellungswesens*)』이다. 이 주제에 대한 훌륭한 개념사적 입문으로서 이미 2장에서 인용된 책인 멜라니 블랑크와 율리아 데벨트 의 『박물관은 무엇인가? 하나의 은유적 혼합(*Was ist ein Museum? "… eine metaphorische Complication …"*, 2001)』을 읽을 수 있다. 조금 어 려운 부분이 있긴 하지만, 200쪽의 분량으로 간략하게 18세기에서 20 세기까지의 박물관 개념의 중요한 단계들을 잘 정리하고 있다.

박물관학과 박물관 과학이 점점 제도화되는 가운데 체계적인 개관서 세 권이 출간되었다. 두 영역 간의 대립적인 입장을 명확히 보여 주는 책으로 카타리나 플뤼겔이 2005년에 출간한 『박물관학 입문(*Einführung in die Museologie*)』이 있다. 이 책은 박물관을 자체 기능을 가진 제도로 개괄적으로 서술하며, 그 역사적인 발전, 실천적인 물음과 응용 영역도 서술하고 있다. 이와 반대로 요하힘 바우어(Joachim Baur)는 『박물관 분석. 새로운 연구 영역의 방법과 틀(*Museumsanalyse. Methoden und Konturen eines neuen Forschungsfeldes*)』에서 박물관의 문맥 관련성을 강조하면서, 박물관에 대한 다양한 방법론적 관점을 종합하여 이를 응용할 수 있다는 점을 보여 주고 있다. 마지막으로 샤론 맥도날드는 2006년에『박물관 연구 안내서(*A Companion to Museum Studies*)』를 출간함으로써 다양한 영미권 저자의 글들에 대한 개관을 제시했다.

이 밖에도 개별 분과의 박물관 형식 또는 특수 박물관에 대한 중요한 수많은 논문 모음집과 개별 책들이 있다. 하지만 이미 언급한 바와 같이 여기서는 몇몇 선별된 책들에 대해서만 개관을 제공하려 하는 것이기 때문에 이 모든 문헌에 대해 언급할 수는 없다. 그럼에도 마지막으로 두 가지 텍스트는 언급해야 할 것이다. 이들은 박물관과 박람회 이해를 위한 역사적이고 방법론적인 기초를 제공한다. 고트프리트 코어프는 1999년에『옴니버스 원칙과 창문의 질. 20세기 박물관의 역동화 모듈과 동기(*Omnibusprinzip und Schaufensterqualität. Module und Motive der Dynamisierung des Musealen im 20. Jahrhundert*)』을 출간했는데, 이는 1900년 전후로 박물관과 박람회의 잇따른 만남에 대한 놀라울 정도로 집중적이고 포괄적인 서술이다. 2005년에 울리케 페더(Ulrike Vedder)는『미적 기초개념들(*Ästhetischen Grundbegriffe*)』의

일곱 번째 권 박물관-박람회(Museum-Ausstelllung) 항목에서 대상에
대한 이론적이고, 내가 알고 있기로는 가장 간결한 설명을 제시하고
있다.

Adelung, Johann Christoph (Hg.), *Versuch eines vollständigen grammatisch-kritischen Wörterbuches der Hochdeutschen Mundart, mit beständiger Vergleichung der übrigen Mundarten, besonders aber der oberdeutschen, erster Theil.* Leipzig: Bernhard Christoph Breitkopf und Sohn 1774. Darin: Lemma "Ausstellen", Sp. 588; sowie Lemma "Custos", Sp. 1224.

Adorno, Theodor W., Valery Proust Museum, in: *Gesammelte Schriften, Band 10.1. Kulturkritik und Gesellschaft I. Prismen, Ohne Leitbild,* hg. v. Tiedemann, Rolf. Frankfurt am Main: Suhrkamp 1977, S. 181-194 (zuerst 1953).

Alpers, Svetlana, The Museum as a Way of Seeing, in: *Exhibiting Cultures. The Poetics and Politics of Museum Display,* hg. v. Karp, Ivan; Lavine, Steven D. Washington/London: Smithsonian Institution Press 1991, S. 25-32.

Bal, Mieke, Sagen, Zeigen, Prahlen, in: dies., *Kulturanalyse*. Frankfurt am Main: Suhrkamp 2002, S. 72-116.

Bann, Stephen, Historical Text and Historical Object: The Poetics of the Musée de Cluny, in: *History and Theory* 17/3, 1978, S. 251-266.

Bataille, Georges, Museum, in: *Kritisches Wörterbuch*, hg. v. Kiesow, Rainer Maria; Schmidgen, Henning. Berlin: Merve 2005, S. 64-66 (zuerst 1930).

Baudrillard, Jean, *Das System der Dinge. Über unser Verhältnis zu den alltäglichen Gegenständen*. Frankfurt am Main/New York: Campus 1991 (zuerst 1968).

Das Bauen im Neuen Reich, hg. in Verbindung mit Frau Professor Gerdy Troost. Bayreuth: Gauverlag Bayerische Ostmark 1943 (zuerst 1938).

Baur, Joachim (Hg.), *Museumsanalyse. Methoden und Konturen eines neuen Forschungsfeldes*. Bielefeld: transcript 2010.

Bayer, Herbert, Fundamentals of Exhibition Design, in: *Public Photographic Spaces. Exhibitions of Propaganda, from Pressa to The Family of Man, 1928-55*, hg. v. Ribalta, Jorge. Barcelona: Museu d'Art Contemporani de Barcelona 2008, S. 211-219 (zuerst 1937).

Beckmann, Uwe, *Gewerbeausstellungen in Westeuropa vor 1851. Ausstellungswesen in Frankreich, Belgien und Deutschland, Gemeinsamkeiten und Rezeption der Veranstaltungen*. Frankfurt am Main/Bern/New York/ Paris: Peter Lang 1991.

_____, Der Weg nach London: Das deutsche Ausstellungswesen vor 1851 und die Great Exhibition, in: *Die Weltausstellung von 1851 und ihre Folgen. The Great Exhibition and its Legacy*, hg. v. Bosbach, Franz;

Davis, John R. München: K.G. Saur 2002, S. 257-265.

Beier-de Haan, Rosemarie, *Erinnerte Geschichte - Inszenierte Geschichte. Ausstellungen und Museen in der Zweiten Moderne.* Frankfurt am Main: Suhrkamp 2005.

Belting, Hans, Gibt es eine Ausstellung von Kulturen?, in: *Szenarien der Modern. Kunst und ihre offenen Grenzen*, hg. v. dems. Hamburg: Philo Fine Arts 2005, S. 222-240 (zuerst 1996).

Benjamin, Walter, Das Kunstwerk im Zeitalter seiner technischen Reproduzierbarkeit, in: *Gesammelte Schriften*, Band I/2, hg. v. Tiedemann, Rolf; Schweppenhäuser, Hermann. Frankfurt am Main: Suhrkamp 1980, S. 431-469 (zuerst 1935).

Bennett, Tony, *The Birth of the Museum. History, Theory, Politics.* London/New York: Routledge 1995.

Benz, Wolfgang, Die Ausstellung "Der ewige Jude", in: *Das Deutsche Museum in der Zeit des Nationalsozialismus. Eine Bestandsaufnahme*, hg. v. Vaupel, Elisabeth; Wolff, Stefan L. Göttingen: Wallstein 2010, S. 652-680.

Bericht über die Deutsche Allgemeine Ausstellung für Unfallverhütung Berlin 1889 unter dem Allerhöchsten Protectorate Seiner Majestät des Kaisers und Königs, Band 1, hg. vom Vorstand. Berlin: Carl Heymanns 1890.

Beßler, Gabriele, *Wunderkammern. Weltmodelle von der Renaissance bis zur Kunst der Gegenwart.* Berlin: Reimer 2009.

Blank, Melanie; Debelts, Julia, *Was ist ein Museum? "… eine metaphorische Complication …".* Wien: Turia + Kant 2001.

Boccioni, Umberto; Carrà, Carlo; Russolo, Luigi; Balla, Giacomo; Severini,

Gino, Manifest der futuristischen Maler, in: *Futurismus. Geschichte, Ästhetik, Dokumente*, hg. v. Schmidt-Bergmann, Hansgeorg. Reinbek bei Hamburg: Rowohlt 2009, S. 95-97 (zuerst 1910).

Bode, Wilhelm von, The Berlin Renaissance-Museum, in: *The Fortnightly Review 50*, 1891, S. 506-515.

Bollenbeck, Georg, Industrialisierung und ästhetische Wahrnehmung. Bemerkungen zur Weltausstellung London 1851, in: *Fortschrittsglaube und Dekadenzbewußtsein im Europa des 19. Jahrhunderts. Literatur – Kunst – Kulturgeschichte*, hg. v. Drost, Wolfgang. Heidelberg: Carl Winter Universitätsverlag 1986, S. 289-298.

Bott, Gerhard (Hg.), *Das Museum der Zukunft. 43 Beiträge zur Diskussion über die Zukunft des Museums*. Köln: M. DuMont Schauberg 1970.

Brantl, Sabine, *Haus der Kunst, München. Ein Ort und seine Geschichte im Nationalsozialismus*, hg. v. Haus der Kunst. München: Allitera 2007.

Bredekamp, Horst, *Antikensehnsucht und Maschinenglauben. Die Geschichte der Kunstkammer und die Zukunft der Kunstgeschichte*. Berlin: Wagenbach 1993.

_____, Die endlosen Anfänge des Museums, in: *7 Hügel. Bilder und Zeichen des 21. Jahrhunderts, Band 6: Wissen. Verarbeiten, speichern, weitergeben: Von der Gelehrtenrepublik zur Wissensgesellschaft*, hg. v. Sievernich, Gereon; Budde, Hendrik. Berlin: Henschel/Berliner Festspiele 2000, S. 41-46.

Brockhaus, Friedrich Anton (Hg.), *Allgemeine deutsche Real-Encyclopädie für die gebildeten Stände. Conversations-Lexikon*, Band 6, 5. Auflage. Leipzig: F.A. Brockhaus 1820. Darin: Lemma "Museum", Sp. 667-

669.

Brockhaus Enzyklopädie, Band 15, 20. Auflage. Leipzig/Mannheim: F.A.

Brockhaus 1998. Darin: Lemma "Museum", S. 261-264.

Brockhaus Enzyklopädie, Band 16, 21. Auflage. Leipzig/Mannheim: F.A.

Brockhaus 2006. Darin: Lemma "Kustode"; sowie Lemma "Kustodie",

S. 158.

Burckhardt, Jacob, Brief 61 an Gottfried Kinkel [13.06.1842], in: Ders.:

Briefe. Vollständige und kritisch bearbeitete Ausgabe, Band 1, hergest.

v. Burckhardt, Max. Basel: Benno Schwabe & Co 1949, S. 199-203.

Cameron, Duncan F., The Museum: A Temple or the Forum?, in: *Curator.*

The Museum Journal 14/1, 1971, S. 11-24.

Centralkommission des Deutschen Reiches (Hg.), *Amtlicher Bericht über die*

Wiener Weltausstellung im Jahre 1873, 3 Bände. Braunschweig: Vieweg

und Sohn 1874/1877.

Ciré, Annette, *Temporäre Ausstellungsbauten für Kunst, Gewerbe und Indust-*

rie in Deutschland 1896-1915. Frankfurt am Main/Bern/New York/

Paris: Peter Lang 1993.

Cleve, Ingeborg, *Geschmack, Kunst und Konsum. Kulturpolitik als Wirt-*

schaftspolitik in Frankreich und Württemberg (1805-1845). Göttingen:

Vandenhoeck & Ruprecht 1996.

Clifford, James, On Collecting Art and Culture, in: Ders.: *The Predicament*

of Culture. Twentieth-Century Ethnography, Literature, and Art. Cam-

bridge (Mass.)/London: Harvard University Press 1988, S. 215-251.

Crimp, Douglas, *Über die Ruinen des Museums*. Dresden/Basel: Verlag der

Kunst 1996 (zuerst 1993).

Daston, Lorraine, Neugierde als Empfindung und Epistemologie in der früh-modernen Wissenschaft, in: *Macrocosmos in Microcosmo. Die Welt in der Stube. Zur Geschichte des Sammelns 1450-1800*, hg. v. Grote, Andreas. Opladen: Leske + Budrich 1994, S. 35-60.

Denkschrift Museen. Zur Lage der Museen in der Bundesrepublik Deutschland und Berlin (West). Verfasst von H. Auer, K. Böhner, G. von der Osten, W. Schäfer, H. Treinen, S. Waetzoldt. Gutachten der Deutschen Forschungsgemeinschaft. Boppard 1974.

Empfehlungen des Wissenschaftsrates zum Ausbau wissenschaftlicher Einrichtungen, Teil III: Forschungseinrichtungen außerhalb der Hochschulen, Akademien der Wissenschaften, Museen und wissenschaftliche Sammlungen, Band 2, April 1965.

Engelhardt, Katrin, Die Ausstellung 'Entartete Kunst' in Berlin 1938. Rekonstruktion und Analyse, in: *Angriff auf die Avantgarde. Kunst und Kunstpolitk im Nationalsozialismus*, hg. v. Fleckner, Uwe. Berlin: Akademie 2007, S. 89-187.

Ersch, Johann Samuel; Gruber, Johann Gottfried (Hg.), *Allgemeine Encyclopädie der Wissenschaften und der Künste*, Band 40. Leipzig: Johann Friedrich Gleditsch 1887. Darin: Lemma "Kunstausstellungen", S. 250-251.

Essenwein, August, *Das germanische Nationalmuseum, dessen Sammlungen, sowie der Bedarf zur programmgemäßen Abrundung desselben*. Nürnberg: Verlag des germanischen Nationalmuseums 1884.

Findlen, Paula, The Museum. Its Classical Etymology and Renaissance Genealogy, in: *Journal of the History of Collections 1*, 1989, S. 59-78.

Flacke-Knoch, Monika, *Museumskonzeptionen in der Weimarer Republik. Die Tätigkeit Alexander Dorners im Provinzialmuseum Hannover.* Marburg: Jonas 1985.

Fleck, Robert, *Die Biennale von Venedig. Eine Geschichte des 20. Jahrhunderts. Hamburg*: Philo Fine Arts 2009.

Flügel, Katharina, *Einführung in die Museologie.* Darmstadt: Wissenschaftliche Buchgesellschaft 2005.

Foucault, Michel, Andere Räume, in: *Aisthesis. Wahrnehmung heute oder Perspektiven einer anderen Ästhetik*, hg. v. Barck, Karlheinz et al. Leipzig: Reclam 1991, S. 34-46 (zuerst 1967).

_____, *Die Ordnung der Dinge. Eine Archäologie der Humanwissenschaften.* Frankfurt am Main: Suhrkamp 1974 (zuerst 1971).

Füßl, Wilhelm, Gründung und Aufbau 1903-1925, in: *Geschichte des Deutschen Museums. Akteure, Artefakte, Ausstellungen*, hg. v. dems.: Trischler, Helmut. München/Berlin/New York: Prestel 2003, S. 59-101.

Ganslmayr, Herbert, Die Bewegung "Neue Museologie", in: *Museologie. Neue Wege – Neue Ziele*, hg. v. Auer, Hermann. München: K. G. Saur 1989, S. 79-88.

Geppert, Alexander C. T., *Fleeting Cities. Imperial Expositions in Finde-Siécle Europe.* Houndmills/New York: Palgrave/Macmilan 2010.

Giedion, Sigfried, Lebendiges Museum, in: *Der Cicerone. Halbmonatsschrift für die Interessen des Kunstforschers & Sammlers 21*, 1929, S. 103-106.

Glasmeier, Michael (Hg.), *Periphere Museen in Berlin.* Berlin: Merve 1992.

Goethe, Johann Wolfgang von, *Der Sammler und die Seinigen*, hg. und mit einem Essay v. Asman, Carry. Amsterdam/Dresden: Verlag der Kunst 1997 (zuerst 1788/1789).

_____. Reise am Rhein und Main in den Jahren 1814 und 1815, in: *Goethe's nachgelassene Werke*, Band 3. Stuttgart, Tübingen: Cotta 1833, S. 239–428.

Grasskamp, Walter, *Museumsgründer und Museumsstürmer. Zur Sozialgeschichte des Kunstmuseums*. München: C.H. Beck 1981.

Grimm, Jacob & Wilhelm (Hg.), *Deutsches Wörterbuch*, Band 1. Leipzig: S. Hirzel 1854. Darin: Lemma "Ausstellen", Sp. 987–990.

Großbölting, Thomas, "*Im Reich der Arbeit*". *Die Repräsentation gesellschaftlicher Ordnung in den deutschen Industrie- und Gewerbeausstellungen 1790–1914*. München: R. Oldenbourg 2008.

Grote, Andreas (Hg.), *Macrocosmos in Microcosmo. Die Welt in der Stube. Zur Geschichte des Sammelns 1450–1800*. Opladen: Leske + Budrich 1994.

Haraway, Donna, Teddy Bear Patriarchy: Taxidermy in the Garden of Eden, New York City, 1908–1936, in: *Social Text 11*, 1984/1985, S. 20–64.

Hartung, Olaf, *Kleine Deutsche Museumsgeschichte. Von der Aufklärung bis zum frühen 20. Jahrhundert*. Köln/Weimar/Wien: Böhlau 2010.

Hazelius, Artur, *Nordiska Museets Tjugufemårsminne 1873–1898*. Stockholm: Kungl. Boktryckeriet P.A. Norstest&Söner 1900.

te Heesen, Anke, Die Entdeckung des Exponats. Das "Musée Sentimental de Cologne", Daniel Spoerri, Marie-Louise von Plessen und das Jahr 1979, in: *Musée Sentimental 1979. Ein Ausstellungskonzept*, hg. v. ders.; Padberg, Susanne. Ostfildern: Hatje Cantz 2011, S. 136–163.

te Heesen, Anke; Spary, Emma C. (Hg.), *Sammeln als Wissen. Das Sammeln und seine wissenschaftsgeschichtliche Bedeutung.* Göttingen: Wallstein 2001.

Hein, Hilde S., *Naturwissenschaft, Kunst und Wahrnehmung. Der neue Museumstyp aus San Francisco.* Stuttgart: Klett-Cotta 1993 (zuerst 1990).

_____, *The Museum in Transition. A Philosophical Perspective.* Washington/London: Smithsonian Institution Press 2000.

Hitler, Adolf, Rede zur Eröffnung der ersten 'Großen Deutschen Kunstausstellung', 18. Juli 1937, in: *Haus der Kunst 1937-1997: Eine historische Dokumentation*, bearb. von Brantl, Sabine. München: Haus der Kunst 1997, S. 74-85.

Hochreiter, Walter, *Vom Musentempel zum Lernort. Zur Sozialgeschichte deutscher Museen 1800-1914.* Darmstadt: Wissenschaftliche Buchgesellschaft 1994.

Hoelscher, Steven, Heritage, in: *A Companion to Museum Studies*, hg. v. Macdonald, Sharon. Oxford: Wiley-Blackwell 2006, S. 198-218.

Hofmann, Werner, Kunstbegriff und Museumskunst, in: *Das Museum der Zukunft. 43 Beiträge zur Diskussion über die Zukunft des Museums*, hg. v. Bott, Gerhard. Köln: M. DuMont Schauberg 1970, S. 116-121.

Hooper-Greenhill, Eilean, The Museum in the Disciplinary Society, in: *Museum Studies in Material Culture*, hg. v. Pearce, Susan. Leicester: Leicester University Press 1989, S. 61-72.

_____, *Museums and the Shaping of Knowledge.* London/New York: Routledge 1992.

Humboldt, Wilhelm von, Antrag auf Errichtung der Universität Berlin

[1809], in: *Wilhelm von Humboldts Gesammelte Schriften*, hg. v. der Königlich Preußischen Akademie der Wissenschaften, 2. Abteilung: Politische Denkschriften I, Band 10, hg. v. Gebhardt, Bruno. Berlin: B. Behr's 1903, S. 148-154.

_____, Zur Errichtung eines Museums in Berlin [1810], in: *Wilhelm von Humboldts Gesammelte Schriften*, hg. v. der Königlich Preußischen Akademie der Wissenschaften, 2. Abteilung: Politische Denkschriften I, Band 10, hg. v. Gebhardt, Bruno. Berlin: B. Behr's 1903b, S. 242-243.

_____, Über das Museum in Berlin [1830-34], in: *Wilhelm von Humboldts Gesammelte Schriften*, hg. v. der Königlich Preußischen Akademie der Wissenschaften, 2. Abteilung: Politische Denkschriften III, Band 7.3, hg. v Gebhardt, Bruno. Berlin: B. Behr's 1904, s. 539-594.

Jacob-Friesen, Karl-Hermann, Die staatliche Betreuung der Heimatmuseen, in: *Museumskunde 9*, 1937, S. 7-14.

Jesberg, Paulgerd, Das Museum der Zukunft – Aufgabe, Bau, Einrichtung, Betrieb, in: *Das Museum der Zukunft. 43 Beiträge zur Diskussion über die Zukunft des Museums*, hg. v. Bott, Gerhard. Köln: M. DuMont Schauberg 1970, S. 138-156.

Joachimides, Alexis, *Die Museumsreformbewegung in Deutschland und die Entstehung des modernen Museums 1880-1940*. Dresden: Verlag der Kunst 2001.

Kivelitz, Christoph, *Die Propagandaausstellung in europäischen Diktaturen. Konfrontation und Vergleich: Nationalsozialismus in Deutschland, Faschismus in Italien und die UdSSR der Stalinzeit. Bochum*: Dr. Dieter

Winkler 1999.

Klemm, Gustav Friedrich, *Zur Geschichte der Sammlungen für Wissenschaft und Kunst in Deutschland.* Zerbst: Kummer 1837.

Klonk, Charlotte, *Spaces of Experience. Art Gallery Interiors from 1800 to 2000.* New Haven/London: Yale University Press 2009.

König, Gudrun M., *Konsumkultur. Inszenierte Warenwelt um 1900.* Köln/ Weimar/Wien: Böhlau 2009.

Korff, Gottfried, Omnibusprinzip und Schaufensterqualität: Module und Motive der Dynamisierung des Musealen im 20. Jahrhundert, in: *Geschichte und Emanzipation. Festschrift für Reinhard Rürup*, hg. v. Grüttner, Michael; Hachtmann, Rüdiger; Haupt, Heinz-Gerhard. Frankfurt am Main/New York: Campus 1999, S. 728-754.

_____, Zur Eigenart der Museumsdinge, in: Ders.: *Museumsdinge. Deponieren - Exponieren*, hg. v. Eberspächer, Martina; König, Gudrun Marlene; Tschofen, Bernhard. Köln/Weimar/Wien: Böhlau 2002, S. 140-145 (zuerst 1992).

_____, Speicher und/oder Generator. Zum Verhältnis von Deponieren und Exponieren im Museum, in: Ders.: *Museumsdinge. Deponieren - Exponieren*, hg. von Eberspächer, Martina; König, Gudrun Marlene; Tschofen, Bernhard. Köln/Weimar/Wien: Böhlau 2002b, S. 167-178 (zuerst 2000).

Köstering, Susanne, *Natur zum Anschauen. Das Naturkundemuseum des deutschen Kaiserreichs 1871-1914.* Köln/Weimar/Wien: Böhlau 2003.

Kratz-Kessemeier, Kristina; Meyer, Andrea; Savoy, Bénédicte (Hg.), *Museumsgeschichte. Kommentierte Quellentexte 1750-1950.* Berlin: Reimer

2010.

Kretschmann, Carsten, *Räume öffnen sich. Naturhistorische Museen im Deutschland des 19. Jahrhunderts.* Berlin: Akademie 2006.

Krünitz, Johann Georg (Hg.), *Oeconomische Encyclopädie oder allgemeines System der Staats-, Stadt-, Haus- und Landwirthschaft,* Band 8. Berlin: Pauli 1776. Darin: Lemma "Curator", S. 468-472; sowie Lemma "Custos", S. 476.

_____, *Oeconomische Encyclopädie oder allgemeines System der Staats-, Stadt-, Haus- und Landwirthschaft,* Band 98. Berlin: Pauli 1805. Darin: Lemma "Museum", S. 450-525.

_____, *Oeconomische Encyclopädie oder allgemeines System der Staats-, Stadt-, Haus- und Landwirthschaft,* Band 135. Berlin: Pauli 1824. Darin: Lemma "Sammlung", Sp. 500-707.

Laukötter, Anja, *Von der Kultur zur Rasse - vom Objekt zum Körper? Völkerkundemuseen und ihre Wissenschaften zu Beginn des 20. Jahrhunderts.* Bielefeld: transcript 2007.

Lichtwark, Alfred, Die Aufgaben der Kunsthalle. Antrittsrede, den 9. Dezember 1886, in: Ders.: *Drei Programme.* Berlin: Bruno Cassirer 1902, S. 11-31.

_____, Museen als Bildungsstätten. Einleitung zum Mannheimer Museumstag, in: *Alfred Lichtwark. Erziehung des Auges. Ausgewählte Schriften,* hg. v. Schaar, Eckhard. Frankfurt am Main: Fischer 1991, S. 43-49 (zuerst 1904).

Lissitzky, El, Demonstrationsräume, in: *Die zwanziger Jahre in Hannover: Bildende Kunst, Literatur, Theater, Tanz, Architektur, 1916-1933,* hg.

v. Rischbieter, Henning. München: Bruckmann 1962, S. 198–200 (zuerst 1926).

Lübbe, Hermann, *Der Fortschritt und das Museum. Über den Grund unseres Vergnügens an historischen Gegenständen*. The 1981 Bithell Memorial Lecture, Institute for Germanic Studies, University of London 1982.

Macdonald, Sharon (Hg.), *A Companion to Museum Studies*. Oxford: Wiley-Blackwell 2006.

_____, Museen erforschen. Für eine Museumswissenschaft in der Erweiterung, in: *Museumsanalyse. Methoden und Konturen eines neuen Forschungsfeldes*, hg. v. Baur, Joachim. Bielefeld: transcript 2010, S. 49–69.

Mai, Ekkehard, *Expositionen. Geschichte und Kritik des Ausstellungswesens*. München: Deutscher Kunstverlag 1986.

_____, Ausgestellt – Funktionen von Museum und Ausstellung im Vergleich, in: *Kunst des Ausstellens. Beiträge Statements Diskussionen*, hg. v. Huber, Hans Dieter; Locher, Hubert; Schulte, Karin. Stuttgart: Hatje Cantz 2002, S. 59–70.

Malraux, André, Das Imaginäre Museum, in: Ders.: *Stimmen der Stille*. *München/Zürich*: Droemersche Verlagsanstalt Th. Knaur Nachf. 1956, S. 8–121 (zuerst 1947).

Marcuse, Herbert, Über den affirmativen Charakter der Kultur, in: Ders.: *Kultur und Gesellschaft*, Band I/9. Frankfurt am Main: Suhrkamp 1970, S. 56–101 (zuerst 1937).

Marinetti, Filippo Tommaso, Manifest des Futurismus, in: *Futurismus. Geschichte, Ästhetik, Dokumente*, hg. v. Schmidt-Bergmann, Hansgeorg. Reinbek bei Hamburg: Rowohlt 2009, S. 75–80 (zuerst 1909).

Mayer-Deutsch, Angela, *Das Museum Kircherianum. Kontemplative Momente, historische Rekonstruktion, Bildrhetorik.* Berlin: diaphanes 2010.

Meijers, Debora, *Kunst als Natur. Die Habsburger Gemäldegalerie in Wien um 1780.* Wien: Kunsthistorisches Museum 1995.

Menzel, Ulrich, *Die Musealisierung des Technischen. Die Gründung des "Deutschen Museums von Meisterwerken der Naturwissenschaft und Technik" in München.* Diss. Typoskript. Technische Universität Braunschweig, Fachbereich für Philosophie, Wirtschafts- und Sozialwissenschaften. Braunschweig 2001.

Meyer, Joseph (Hg.), *Das große Conversations-Lexikon für die gebildeten Stände,* 3. Abteilung, Band 7. Hildburghausen/Amsterdam/Paris: Bibliographisches Institut 1846. Darin: Lemma "Curator", S. 434-435, sowie Lemma "Custos", S. 462-463.

_____, *Das große Conversations-Lexikon für die gebildeten Stände,* Band 12. Hildburghausen/Amsterdam/Paris: Bibliographisches Institut 1848. Darin: Lemma "Gewerbe-(Industrie-)ausstellung", S. 907-911.

_____, *Das große Conversations-Lexikon für die gebildeten Stände,* 1. Abteilung, Band 19. Hildburghausen/Amsterdam/Paris: Bibliographisches Institut 1851. Darin: Lemma "Kustos", S. 651.

_____, *Das große Conversations-Lexikon für die gebildeten Stände,* 2. Abteilung, Band 6. Hildburghausen/Amsterdam/Paris: Bibliographisches Institut 1851. Darin: Lemma "Sammlung", S. 1292.

Murray, David, *Museums, Their History and Their Use: With a Bibliography and List of Museums in the United Kingdom,* Vol. I. Glasgow: James

MacLehose and Sons. Publishers to the University 1904.

Natter, Tobias G.; Fehr, Michael; Habsburg-Lothringen, Bettina (Hg.), *Das Schaudepot. Zwischen offenem Magazin und Inszenierung*. Bielefeld: transcript 2010.

Neickel, Caspar Friedrich, *Museographia oder Anleitung zum rechten Begriff und nützlicher Anlegung der Museorum oder Raritäten-Kammern*. Leipzig/Breslau: Michael Hubert 1727.

Nietzsche, Friedrich, Nachgelassene Fragmente 1869-1874, in: *Kritische Studienausgabe*, Band 7, hg. v. Colli, Giorgio; Montinari, Mazzino. München: Deutscher Taschenbuchverlag; Berlin/New York: De Gruyter 1988, S.604-647.

_____, Unzeitgemässe Betrachtungen. Zweites Stück: Vom Nutzen und Nachtheil der Historie für das Leben [1874], in: *Kritische Studienausgabe*, Band 1, hg. v. Colli, Giorgio; Montinari, Mazzino. München: Deutscher Taschenbuchverlag; Berlin/New York: De Gruyter 1988, S. 243-334.

Obrist, Hans Ulrich, *A Brief History of Curating*. Zürich: JRP/Ringier; Dijon: Les Presses du réel 2008.

O'Doherty, Brian, *In der weißen Zelle. Inside the White Cube*, hg. v. Kemp, Wolfgang. Berlin: Merve 1996 (zuerst 1976).

Ozenfant, Amédée, *Leben und Gestaltung. I Bilanz des 20. Jahrhunderts. Literatur, Malerei, Plastik, Architektur, Musik, Wissenschaft, Religion, Philosophie. II Aufbau eines neuen Geistes. Potsdam*: Müller & I. Kiepenheuer 1931 (zuerst 1928).

Panofsky, Erwin, Original und Faksimilereproduktion, in: *Der Kreis*.

Zeitschrift für künstlerische Kultur 7, 1930, S. 111-123.

Paquet, Alfons, *Das Ausstellungsproblem in der Volkswirtschaft*. Jena: Gustav Fischer 1908.

Pauli, Gustav, Das Kunstmuseum der Zukunft, in: *Die Kunstmuseen und das Deutsche Volk*, hg. v. Deutschen Museumsbund. München: Kurt Wolff 1919, S. 3-20.

Pearce, Susan M. (Hg.), *Museums and their Development. The European Tradition 1700-1900*. London/New York: Routledge 1999.

Penny, H. Glenn, *Objects of Culture. Ethnology and Ethnographic Museums in Imperial Germany*. Chapel Hill: University of North Carolina Press 2002.

Pfeifer, Wolfgang et al. (Hg.), *Etymologisches Wörterbuch des Deutschen*, Band 1. Berlin: Akademie 1993. Darin: Lemma "Kurator", S. 748.

Pohlmann, Ulrich, El Lissitzkys Ausstellungsgestaltungen in Deutschland und ihr Einfluß auf die faschistischen Propagandaschauen 1932-1937, in: *El Lissitzky. Jenseits der Abstraktion - Fotografie, Design, Kooperation*, hg. v. Tupitsyn, Margarita. München/Paris/London: Schirmer/Mosel 1999, S. 52-64.

Pomian, Krzysztof, *Der Ursprung des Museums. Vom Sammeln*. Berlin: Wagenbach 1988 (zuerst 1986).

_____. Museum, Nation, Nationalmuseum, in: *Die Nation und ihre Museen. Für das Deutsche Historische Museum*, hg. v. Plessen, Marie-Louise von. Frankfurt am Main/New York: Campus 1992, S. 19-32.

Poser, Stefan, *Museum der Gefahren. Die gesellschaftliche Bedeutung der Sicherheitstechnik*. Münster/New York/München/Berlin: Waxmann,

1998.

_____, *Sozialmuseen, Technik und Gesellschaft. Zur gesellschaftlichen Bedeutung von Arbeitsschutz und Sicherheitstechnik am Beispiel von Gegenwartsmuseen um 1900*, in: Technikgeschichte 67/3, 2000, S. 205-224.

Preiß, Achim, Nazikunst und Kunstmuseum. Museumsentwürfe und -konzepte im 'Dritten Reich' als Beitrag zu einer aktuellen Diskussion, in: *NS-Kunst: 50 Jahre danach*, hg. v. Hinz, Bertold. Marburg: Jonas 1989, S. 80-94.

Preuss, Hans, Das Heimatmuseum im Dritten Reich, in: *Museumskunde* 5/4, 1933, S. 152-165.

Preziosi, Donald; Farago, Claire (Hg.), *Grasping the World. The Idea of the Museum*. London: Ashgate 2004.

Pudor, Heinrich, Museumschulen, in: *Museumskunde 6*, 1910, S. 248-253.

Rentzhøg, Sten, *Open Air Museum. The History and Future of a Visionary Idea*. Östersund: Jamtli/Stockholm: Carlssons 2007.

Ritter, Henning, Das Altern der Alten Meister, in: *Zur Geschichte der Museen im 19. Jahrhundert 1789-1918*, hg. v. Graf, Bernhard; Möbius, Hanno. Berlin: G- und H-Verlag 2006, S. 23-30.

Roth, Harriet, *Der Anfang der Museumslehre in Deutschland. Das Traktat "Inscriptiones vel Tituli Theatri Amplissimi" von Samuel Quiccheberg Lateinisch-Deutsch*. Berlin: Akademie 2000.

Roth, Martin, *Heimatmuseum. Zur Geschichte einer deutschen Institution*. Berlin: Gebr. Mann 1990.

Savoy, Bénédicte, Zum Öffentlichkeitscharakter deutscher Museen im 18. Jahrhundert, in: *Tempel der Kunst. Die Geburt des öffentlichen Muse-*

ums in Deutschland 1701-1815, hg. v. ders. Mainz: Philipp von Zabern 2006, S. 9-26.

Schmidt-Bergmann, Hansgeorg, Futurismus, Avantgarde und Politik – zur Einführung, in: *Futurismus. Geschichte, Ästhetik, Dokumente*, hg. v. dems. Reinbek bei Hamburg: Rowohlt 2009, S. 9-25.

Scholze, Jana, *Medium Ausstellung. Lektüren musealer Gestaltung in Oxford, Leipzig, Amsterdam und Berlin.* Bielefeld: transcript 2004.

Schwarz, Birgit, *Hitlers Museum. Die Fotoalben Gemäldegalerie Linz: Dokumente zum "Führermuseum".* Köln/Weimar/Wien: Böhlau 2004.

Semper, Gottfried, Practical Art in Metals and Hard Materials [1853], in: *Gottfried Semper. The Ideal Museum. Practical Art in Metals and Hard Materials*, hg. v. Noever, Peter. Wien: Schlebrügge 2007, S. 23-39.

Sheehan, James J., Von der fürstlichen Sammlung zum öffentlichen Museum. Zur Geschichte des deutschen Kunstmuseums, in: *Macrocosmos in Microcosmo. Die Welt in der Stube. Zur Geschichte des Sammelns 1450 bis 1800*, hg. v. Grote, Andreas. Opladen: Leske + Budrich 1994, S. 855-874.

Sloterdijk, Peter, Weltmuseum und Weltausstellung. Absolut museal, in: *Jahresring. Jahrbuch für moderne Kunst 37*, 1990, S. 182-202.

Sombart, Werner, Die Ausstellung, in: *Morgen. Wochenschrift für deutsche Kultur 9*, 28.2.1908, S. 249-256.

Spary, Emma C., *Utopias Garden. French Natural History From Old Regime to Revolution.* Chicago/London: The University of Chicago Press 2000.

Spickernagel, Ellen, Walbe, Brigitte (Hg.), *Das Museum: Lernort contra Musentempel.* Gießen: Anabas 1976.

Staniszewski, Mary Anne, *The Power of Display. A History of Exhibition. Installation at the Museum of Modem Art*. Cambridge (Mass.)/London: MIT Press 1998.

Stránsky, Zbynek, Die theoretischen Grundlagen der Museologie als Wissenschaft, in: *Museologie. Neue Wege - Neue Ziele*, hg. v. Auer, Hermann. München: K. G. Saur 1989, S. 38-47.

Szeemann, Harald, *Museum der Obsessionen*. Berlin: Merve 1981.

Tönnies, Ferdinand, Diskussionsbeitrag, in: *Verhandlungen des Siebenten Deutschen Soziologentages vom 28. September bis 1. Oktober 1930 in Berlin*. Tübingen: Mohr 1931, S. 72.

Turner, Jane (Hg.), *The Dictionary of Art*, Band 22. New York: Grove 1996. Darin: Lemma "Museum", S. 354-369.

Valentiner, Wilhelm R., *Umgestaltung der Museen im Sinne der neuen Zeit*. Berlin: G. Grotesche Verlagsbuchhandlung 1919.

Valéry, Paul, Das Problem der Museen, in: Ders: *Über Kunst. Essays*. Frankfurt am Main: Suhrkamp 1959, S. 52-58 (zuerst 1923).

Vedder, Ulrike, Museum/Ausstellung, in: *Ästhetische Grundbegriffe. Historisches Wörterbuch in sieben Bänden*, Band 7, hg. v. Karlheinz Barck. Stuttgart/Weimar: J. B. Metzler 2005, S. 148-190.

Vergo, Peter (Hg.), *The New Museology*. London: Reaktion Books 1989.

Waidacher, Friedrich, *Handbuch der Allgemeinen Museologie*, 3. Auflage. Köln/Weimar/Wien: Böhlau 1999 (zuerst 1993).

Warburg, Aby, *Der Bilderatlas MNEMOSYNE*, hg. v. Warnke, Martin unter Mitarbeit von Brink, Claudia, Band II.1 der Gesammelten Schriften, hg. v. Bredekamp, Horst et al. Berlin: Akademie 2000.

Weschler, Lawrence, *Mr. Wilson's Cabinet of Wonder*. New York: Pantheon Books 1995.

Wonders, Karen, *Habitat Dioramas. Illusions of Wilderness in Museums of Natural History*. Uppsala: Acta Universitatis Upsaliensis 1993.

Wörner, Martin, *Die Welt an einem Ort. Illustrierte Geschichte der Weltausstellungen*. Berlin: Reimer 2000.

Yanni, Carla, Divine Display or Secular Science. Defining Nature at the Natural History Museum in London, in: *The Journal of the Society of Architectural Historians 55*, 1996, S. 276–299.

Zacharias, Wolfgang (Hg.), *Zeitphänomen Musealisierung. Das Verschwinden der Gegenwart und die Konstruktion der Erinnerung*. Essen: Klartext 1990.

Zedler, Johann Heinrich (Hg.), *Großes vollständiges Universal Lexicon aller Wissenschaften und Kunste, welche bishero durch menschlichen Verstand und Witz erfunden und verbessert worden*, Band 22. Halle/Leipzig: Zedler 1739. Darin: Lemma "Museum", S. 1375–1378.

Ziegler, Konrat; Sontheimer, Walther (Hg.), *Der Kleine Pauly. Lexikon der Antike, auf der Grundlage von Pauly's Realencyclopädie der classischen Altertumswissenschaft*, Band 3. Stuttgart: Alfred Druckenmüller 1969. Darin: Lemma "Museion", S. 1482–1485.

인명

개념